मेरी स्मृतियाँ, मेरी कृतियाँ

वाणी प्रकाशन
नयी दिल्ली-110002

मेरी स्मृतियाँ, मेरी कृतियाँ

तकषी शिवशंकर पिल्लै

सम्पादक

डॉ. आरसू

ISBN : 978-81-7055-734-0

वाणी प्रकाशन
21-ए, दरियागंज, नयी दिल्ली-110002
द्वारा प्रकाशित

प्रथम संस्करण : 2001

मूल्य : 125.00

शुभम ऑफसेट, दिल्ली-110032
में मुद्रित

Meri Smritiyan, Meri Kritiyan
by Dr. Aarsu

क्रम

भूमिका : तकषी साहित्य के प्रांगण में

केरल के दूर-दराज के एक गाँव में रहकर पिछले साठ सालों से एक आदमी साहित्य-साधना करते रहे। अपने सही नाम से भी बढ़कर अपने गाँव के नाम से वे अधिक जाने जाते हैं। उनकी रचनाओं में ग्रामीण चेतना प्रस्फुटित हो उठी है। अपने को सामान्य समझनेवाला यह आदमी सामान्य आदमियों की जीवनगाथाओं को साहित्य में स्थान देकर सम्मान्य बन गए हैं। अपने जन्म गाँव के उत्थान-पतन, उतार-चढ़ाव और उधर के लोगों के जीवन के हर्ष-विषादों को उन्होंने साहित्य का कच्चा माल बनाया है। देश-विदेश की कई भाषाओं में उनकी कथा कृतियाँ अनूदित हो गई हैं। उनके उपन्यासों पर आधारित फिल्में देश-विदेश में बहुचर्चित रही हैं। समकालीन भारतीय साहित्य की इस हस्ती का नाम तकषी शिवशंकर पिल्लै है।

1984 का भारतीय ज्ञानपीठ पुरस्कार मलयालम के अमर कथाकार तकषी को मिला था। छात्रावस्था में ही उनकी कृतियाँ पढ़ने का सुअवसर मुझे मिला था। 1974 में हिंदी एम.ए. के विद्यार्थी के नाते मैंने एक तुलनात्मक अध्ययन किया था। प्रेमचंद के 'गोदान' से तकषी के 'दो सेर धान' की तुलना मैंने की थी। उस अवसर पर तकषी की कृतियों की खूबियों से मैं ज्यादा अवगत हो सका। तकषी के निकट सम्पर्क में आने का सौभाग्य भी मुझे मिला। हिंदी की कई प्रतिष्ठित पत्रिकाओं में तकषी के व्यक्तित्व और कृतित्व पर मेरे कुछ लेख प्रकाशित हुए। उनकी कहानियों के अनुवाद भी प्रकाशित हुए। नवभारत टाइम्स, जनसत्ता, हिंदुस्तान, धर्मयुग, साक्षात्कार, और नई धारा में ये लेख और अनुवाद प्रकाशित हुए थे। 'जीवन सुंदर है किंतु' और 'एक बेचारा शरीफ इंसान' नामक दो लघु उपन्यासों का अनुवाद भी मैंने किया था। दिल्ली के मनु प्रकाशन ने इनको छापा था।

'मेरी स्मृतियाँ, मेरी कृतियाँ' शीर्षक यह संकलन मेरी विनम्र अनुवाद साधना का अगला सोपान है। तकषी की आत्मकथा के कुछ अध्यायों ने मुझे आकृष्ट किया था। उनके भाषण और संभाषणों में भी कुछ मूल्यवान तत्त्व निहित हैं। तकषी के व्यक्तित्व और कृतित्व को समझने में हिंदी के पाठकों को इन स्मृतियों से कुछ

मदद मिलेगी। उनकी कथा भूमि और वैचारिक पृष्ठभूमि की जानकारी प्राप्त करने के लिए ये स्मृतियाँ कुछ सहायक बन सकेंगी।

पुस्तक में तकष़ी की दस कहानियों का अनुवाद प्रस्तुत किया हैं। उनकी कथाभूमि, प्रतिपादित समस्याएँ, मूल संवेदना आदि समय के अनुसार बदलती रही हैं। बदलते युग की परिस्थितियाँ और मनःस्थितियाँ उनकी कहानियों में प्रतिफलित हुई हैं। ऐसी कुछ कहानियों का चयन करके अनुवाद करने का प्रयास मैंने किया है। इन कहानियों में केरलीयता की महक होगी। किंतु इनमें प्रस्फुटित मानवीयता भौगोलिक सीमारेखाओं को लाँघनेवाली है। आज मानवीय रिश्तों के रेशे ढीले-ढाले तथा डाँवाडोल बन रहे हैं। यह एक प्रकार की नीति और नियति है। तकष़ी ने अपने जीवनकाल की संध्यावेला में इन वास्तविकताओं का नज़रअंदाज नहीं किया है। इस लेखक के विचार में भी भारी परिवर्तन आए हैं। अपने साहित्यिक जीवन के आरंभ में साम्यवादी विचारधारा से वे अत्यधिक आकृष्ट हुए थे। किंतु परवर्ती युग में उन्होंने उस भावावेग को छोड़ दिया। विचारधारा की तुलना में वे आज जीवन को ज्यादा सारवान मानते हैं। इस ढंग से यह संकलन हिंदी पाठकों के लिए तकष़ी के निजी और साहित्यिक जीवन में आए परिवर्तनों को पहचानने का एक परिचायक बने तो अनुवादक का प्रयास सार्थक होगा। हिंदी पाठकों को तकष़ी साहित्य के प्रांगण की ओर ले चलना अनुवादक का विनम्र लक्ष्य है। तकष़ी के शुभाशीर्वाद से यह काम आगे बढ़ सका।

वाणी प्रकाशन, दिल्ली से मुझे प्रोत्साहन मिला है। 'साहित्यानुवाद संवाद और संवेदना' शीर्षक मेरी पहली पुस्तक का प्रकाशन भी वाणी ने ही किया था। बाद में हिंदी निदेशालय के राष्ट्रीय पुरस्कार से वह किताब सम्मानित हुई। तकष़ी पर इस पुस्तक के प्रकाशन के लिये मेरे प्रकाशक वाणी ने मुझे विशेष प्रोत्साहन दिया और दिलचस्पी ली। दक्षिण भारतीय हिंदी लेखकों की कृतियों को प्रकाशित करने की योजना वाणी प्रकाशन की प्रमुख विशेषता है। इसी योजना के तहत यह पुस्तक आपके हाथों में है।

हिंदी विभाग **डॉ. आरसु**
कालिकट विश्वविद्यालय केरल

नोट : 1999 अप्रैल 10 तारीख को तकष़ी का देहांत हुआ।

तकष़ी का अवदान

मेरे जन्म के उनतीस साल पहले तकष़ी लेखन शुरू कर चुके थे। मेरी याद के मुताबिक, उनकी पहली कहानी सन् 1929 में छपी थी। 1935 में प्रकाशित कहानी-संकलन में उनकी प्रसिद्ध कहानी 'बाढ़ में' शामिल थी। उस युग में केसरी बालकृष्ण पिल्लै जैसे साहित्याचार्य कार्यरत थे। विश्व के विभिन्न भागों में पनप रहे साहित्यिक आंदोलनों की खूबियों की जानकारी वे इधर के साहित्यकारों को दे रहे थे। कहानी के क्षेत्र में किस प्रकार की गतिविधियाँ चल रही हैं, विभिन्न भाषाओं की कहानियों में कौन-सी प्रवृत्तियाँ हैं, ये सब जानने की प्रेरणा उन्होंने उस युग के युवा कहानीकारों के मन में जगाई थी। यह तकष़ी के लेखन का आरंभकाल था। उनकी आरंभकालीन कहानियों में मोपासां की कहानियों और फ्रॉयड के मनोवैज्ञानिक आकलन के नमूने मिल जाएँगे। किंतु 'वाढ़ में' शीर्षक कहानी इन प्रवृत्तियों से भिन्न थी। वह मलयालम की एक अद्वितीय घटना है। उसमें प्रकृति एक पात्र के रूप में आती है। तब तक की कहानियों में ऐसी तकनीक का प्रयोग नहीं हुआ थ। विश्व साहित्य की चर्चा में भी कहानी का नमूना नहीं मिलता क्योंकि उन सारी पूर्ववर्ती कहानियों में कथा-बीज कहने लायक एक देशकाल-वद्ध घटना-परिणाम द्रष्टव्य है। एक बाढ़ के परिप्रेक्ष्य में एक मूक पशु के दुःखद अनुभवों और प्रकृति-प्रकोप के शिकार गाँव की स्थिति के चित्रों से पूरी एक कहानी लिख देना एक आश्चर्यजनक घटना है। आज भी तकष़ी की सैकड़ों कहानियों में यह कहानी अपनी अद्वितीयता बनाए हुए है। ऐसी और भी कुछ कहानियाँ उन्होंने बाद में लिखी पर इस प्रसंग में मैं उनका जिक्र नहीं करूँगा।

भले ही केसरी से तकष़ी ने कई वातें सीख ली थीं, तथापि उनसे भिन्न कुछ बातें उनकी कहानियों में हम देख सकेंगे। अपने परिचित गाँव कुट्टनाड़ के जीवन दृश्य का चैतन्य उनकी मुख्य विशेषता है। इसी वजह से उनकी कहानियों और पाठकों के बीच अटूट संबंध स्थापित हुआ। उनकी संवेदना के स्तर पर कोई बाधा नहीं आती।

यह बात सही है कि प्रारंभिक कृतियाँ लिखत समय उनक मन में पाश्चात्य साहित्य के कुछ नमूने विद्यमान थे। किंतु कथाख्यान के प्रांतीय तरीके से ही उनका ज़्यादा लगाव था। *कयर* (रस्सी) उपन्यास लिखने के बाद हुई एक भेंअवार्ता में तकष़ी ने मुझसे कहा था, ''भारत की अपनी एक कथाख्यान परंपरा है। उस आख्यान परंपरा को पुनरुज्जीवित करना है, यही मेरी कामना हैं *कयर* के शिल्प में मैं उस बात पर विशेष ध्यान दिया है।'' मेरे ख़याल से यह सिर्फ *कयर* की ही बात नहीं है। उनकी पूर्ववर्ती कहानियों में भी यह कोशिश थी, यानी यह 'केरलीय' कहलाने योग्य एक आख्यान प्रणाली है। हमारे पास एक अखिल भारतीय आख्यान परंपरा है, किंतु इसमें एक-एक प्रांत की अपनी-अपनी प्रणाली भी है।

जन्म, गाँव के इतिहास, भूगोल, जलवायु, मिथक, नृतत्वविज्ञान आदि का प्रत्यक्ष और परोक्ष प्रभाव लेखक पर अवश्य पड़ेगा। इसलिए कह सकते हैं कि कथाख्यान की भारतीय परंपरा के साथ-साथ अपनी एक प्रांतीय परंपरा भी है। राजा राव जैसे कथाकारों को महत्त मिलने का आधार यही है। भले ही *कांतापुरा* की रचना अंग्रेज़ी में हुई है, तथापि उसमें कर्नाटक प्रदेश का एक तालक्रम लाने का प्रयास उपन्यासकार ने किया ही है। इस प्रदेश दादी माँ पुराने ज़माने से जो कथाएँ कहती आई हैं, उसी एंग से अंग्रेज़ी में कहने का प्रयास राजा राव ने किया है। इसी तरह तकष़ी ने केरलीय आख्यान प्रणाली का प्रयोग करके अपनी कथाओं को गरिमामय बनाया है। उन्होंने वृहत् भारतीय परंपरा के भीतर रह कर एक केरलीय आख्यान प्रणाली गढ़ने की कोशिश की है।

तकष़ी की कृतियों की एक और उल्लेखनीय विशेषता है। उनके कई प्रमुख उपन्यास समय के आमने-सामने खड़े दर्पण हैं। लेखक वी.टी. भट्टनिरिप्पाड ने एक बार कहा था, ''दुनिया के दोषों को देखने के लिए लोग हाथ में आईना रख कर चलते हैं। वे कदापि यह आईना अपनी छाती के समीप रख कर नहीं देखते।'' तकष़ी की कई कृतियों से यह दर्पण अपनी छाती के समीप रख कर देखने की प्रेरणा मिलती है।

मिसाल के तौर पर उनका उपन्यास *तोट्टियुटे मकान* (भंगी का बेटा) देखें। उसका प्रमख़ पात्र है चुटलमुत्तु। वह अपनी परंपरा से बचने की बजाय, रुपए ब्याज पर देकर तथा अन्य तरीक़ों से भौतिक जीवन में विजय का लालच करता हैं *एणिप्पटिकल* (सीढ़ियाँ) का केशव पिल्लै भी इसी प्रकार का पात्र है। उसके मन में भी भौतिक सुख की सतह पर पहुँचने की तीव्र इच्छा है। *चेम्मीन* का चेंपन कुंजु एक नाव और ज़ाल ख़रीद कर कुछ पैसे कमाने लगता हैं वह भी भौतिक जीवन में तरक़्क़ी हासिल करने का इच्छुक बन जाता है। तब तक प्रिय लगने वाले सारे मूल्यों को अब वह कुचल डालता है। *औसेप की संतानें* में भी इस स्थिति का वर्णन है। यह हमारे सामने, हमारे समाज के आमने-सामने दर्पण रखने का

काम है। हर क़ीमत पर यह युग भौतिक वियज प्राप्त करना चाहता है। तकषी इन पात्रों के माध्यम से कई बातों की याद दिलाना चाहते हैं। इस लालच की क्रूरता, उसके परिणाम, दबते हुए मूल्यों का रुदन, इन सबकी ओर वे इशारा करते हैं।

योरोप के हासिडिक संप्रदाय के यहूदी समाज में प्रचलित एक जनश्रुति है :चूँकि ईश्वर कथा सुनने का इच्छुक है, इसलिए उसने मनुष्य की सृष्टि पसंद करता है। किंतु किसी कथा को पूरा सुनने के लिए ईश्वर तैयार नहीं होगा।'' कुछ बातें सुनने के बाद ईश्वर किसी दूसरी कथा पर ध्यान देने लगता है। किंतु उस जनश्रुति में एक सारबान तत्त्व निहित है। कथा सुनने के लिए ही ईश्वर मनुष्यों की सृष्टि करता है। हर आदमी के मन में कथा है। इस गाँव में भी कथा है। कुट्टनाड गाँव के एक-एक आदमी के मन में कथा है। कथा ही जीवन बन जाती है। आम तौर पर हम कहते है, क्या आपने उसकी कथा सुनी है ? आज की कथा कहने की ज़रूरत नहीं है। गाड़ी ख़राब हो गई, उसकी कथा न कहना ही बेहतर होगा। इधर कथा शब्द का प्रयोग जीवन के अर्थ में होता है। ईश्वर और हम सब लोग कथा सुनने के लिए उत्सुक बैठे हैं। 1929 से ही तकषी हमारे लिए कथा लिशने लगे थे। पहले उन्होंने कहानियाँ लिखीं उसके बाद वृहत उपन्यास लिखे। *चेम्मीन* में एक मिथक का प्रयोग हुआ : पत्नी के पतव्रता रहने की स्थिति में ही मछली पकडने के लिए सागर जाने वाले पति का जीवन सुरक्षित रहेगा। चक्रवर्ती राजगोपालचारी ने *स्वराम* में इस मिथक के बारे में एक टिप्पणी लिखी थी, मैं अब उसकी याद कर रहा हूँ : ''एक समाज की स्त्रियाँ बिना हानि तथा कलंक के एक विश्वास के बल पर पतिव्रता बनी रहती हैं तो उस पर कोई आपत्ति नहीं हो सकती।'' मिथकों का प्रयोग करते समय हमारे ऊपर कुछ दायित्व आते हैं। वह प्रयोग हमारे युग की मानवीय समस्याओं के हित में ही हो, मानवीय चेतना और मूल्यों को बढ़ाने के उद्देश्य से मिथकों को प्रयोग हो। *चेम्मीन* के बारे में विदेशी राष्ट्रों की पत्र-पत्रिकाओं में आई तमाम समीक्षाएँ मैं ने खोज-खोज कर पढ़ी थीं। एक अंग्रेज़ी अख़बार ने इस मिथक के बारे में लिखा था, ''यह भारत सरकार के लिए भी उपयोगी है। सरकार इस पर विशेष ध्यान दे।''

हमारे युग के जीवन के भिन्न-भिन्न चेहरे, पूर्ववर्ती पीढ़ी के अनुभव, पीढ़ियों से अर्जित हमारी अनुभव संपदा, जलवायु, प्रकृति के सुंदर भाव, उग्र और तीक्ष्ण चेहरे, ये सब लेखक के उपादान हैं। तकष़ी के लिए कुट्टनाड अपनी परिचित दुनिया है। लेकिन कुट्टनाड के आदमी और दुनिया के अन्य भागों के आदमी समान हैं। भौतिक विजय की मरीचिका जैसे ऊँचे स्थान पर पहुँचने के भ्रम में, पीछे मुड़ कर देखते समय जो शून्यता महसूस होती है, वह असल में विश्वजनीन है। तकष़ी के उपन्यास के पात्र सचिवालय के अफ़सर केशव पिल्लै, चेंपनकुंभु,

अन्तोणी और चुटलमुत्तु के जीवन में ऐसे अनुभव आते हैं। उन्हें ऊँचे स्थान पर पहुँचने के बाद पता चलता है कि हम शून्यता के छोर पर खड़े हैं, और अब तक गुज़रे रास्तों पर मूल्यों के भग्नावशेष तक विद्यमान नहीं है। यह सोच विश्वजनीन है। चाहे कुट्टनाड गाँव की कथा हो या सागरतट के मछुआरों की कथा हो, या इस प्रकार की अन्य कोई भी कथा हो, उनमें प्रतिपादित मानवीय समस्याएँ और दुविधाएँ दुनिया के तमाम भागों के लोगों की जीवनगत समस्याओं के सदृश ही प्रतीत होती हैं। तकषी की कृतियों से हमें यह प्रेरणा मिलेगी कि यह संकट सिर्फ मेरे जीवन में ही नहीं, बल्कि अन्यत्र भी आए हैं। कहीं, किसी न किसी युग में ऐसी घटनाएँ हो चुकी हैं। तब ऐसे जीवन को फिर एक बार देखने और पूर्वकथित आईने को छाती के समीप रखने की प्रेरणा मिलेगी।

तकषी हमारे युग का सक्रिय सान्निध्य हैं। साहित्य उनके लिए चमत्कार की कोई चीज़ नहीं है वरन् जीवन का ही अभिन्न हिस्सा है। उनके और पाठकों के बीच एक पारदर्शी पर्दा तक नहीं है। इसीलिए वे पाठकों से सुगमता से अपनी बात कर सके। लालित्य कोई छोटी बात नहीं हैं लालित्य ही शक्ति है। पहले *हासिडिक* यहूदियों की एक जनश्रुति का उल्लेख किया गया है। ईश्वर कथा सुन सके, इसके लिए मनुष्यों की सृष्टि हुई। यों इस कथाकार का जन्म होना भी कुट्टनाड गाँव तथा युग की एक ऐतिहासिक माँग बन गई होगी। तकषी कथाएँ कहते रहे। वे कथाएँ जीवन में अर्थ के नए आयाम देखने की प्रेरणा देती रहती हैं।

मेरे साहित्यिक जीवन के प्रारंभिक चरण का एक अनुभव याद आता है। वर्ष शायद 1958 होगा। मद्रास में एक साहित्यिक सम्मेलन हुआ था। वक्ताओं में तकषी भी शामिल थे। उन दिनों मैं एक नवागत कहानीकार था। इस सम्मेलन में तकषी ने मुझे आशीर्वाद दिया था। मेरे जीवन में वह हमेशा के लिए एक सौभाग्य बन गया। उस गुरुवचन को मैं आज भी अपने मन में सँभाल कर आगे बढ़ता हूँ।

तकषी जैसे बड़े वृक्ष की छाया में मेरी पीढ़ी के कहानीकार बढ़े थे। अगर इस प्रकार के कुछ मार्ग-दीप नहीं होते मेरा विकास न होता। 1958 में मेरा उपन्यास *नालुकेट्टु* अभी प्रकाशित हुआ ही था। मद्रास में हुए सम्मेलन में उन्होंने इस उपन्यास की सराहना की थी। एक नवयुवक की कृति के बारे में विशेष टिप्पणी करते समय मुझे वह बहुत बड़ा अंगीकार लगा। बाद में मिले पुरस्कारों की अपेक्षा मुझे यह सराहना बहुत अच्छी लगी। किंतु उस वक़्त मेंने उनसे बातें नहीं की थी। यह मेरी आदत थी। दो साल बाद हमारे बीच परिचय-संपर्क हुआ। वह रिश्ता स्थाई रहा। साहित्य-संबंधी कुछ बातों में हम दोनों के बीच मतभेद हो सकते हैं। किंतु वे मेरे शुभचिंतक और मार्गदर्शक थे। मेरे प्रति उन्हें बड़ा वात्सल्य था।

वे कुछ दिन से बीमार थे। मन कई दिनों से कह रहा था कि मृत्य आज

या कल होगी। फिर भी मृत्यु की ख़बर सुनकर मैं व्यथित हो गया। उनके बारे में केंद्रीय साहित्य अकादेमी के लिए मैंने एक वृत्तचित्र बनाया था। और भी कुछ साहित्यकारों पर वृत्तचित्र बनाने के लिए मुझसे कहा गया था, किंतु मैंने अकादेमी को नकारात्मक उत्तर दिया। भले ही अन्य लेखकों की कृतियाँ मैंने पढ़ी हैं, तथापि तकषी के समान वे मेरे लिए भलीभाँति परिचित नहीं है। तकषी की कहानी, उपन्यास, जीवन, गाँव—ये सब मेरे लिए बेहद परिचित हैं। तकषी ने भारत की कथाख्यान शैली में कृतियाँ लिखी हैं। पाश्चात्य नमूने के कई अनुकरण इस युग में हुए हैं, किन्तु तकषी ने महाभारत की आख्यान शैली में शक्तिशाली कृतियाँ लिखी हैं। तकषी, पोट्टेक्काट्ट, केशवदेव, बशीर, पोनकुन्नम बर्की, ललितांबिका अंतर्जनम आदि लेखकों की कृतियाँ पढ़कर हमारी पीढ़ी के लेखक को उत्साह मिला था। उनसे कहानी लिखने की प्रेरणा मिली थी। तकषी से मेरा लगभग चालीस साल का रिश्ता है। इस वक़्त मन में कई बातें आती हैं। किंतु सब लिखा डालना अब मुश्किल लगता हैं बाद में शायद लिख सकूँगा। बशीर के बारे में मैंने लिखा है। उसी प्रकार तकषी के बारे में भी आगे कुछ लिखूँगा। पहले मन को शांत होने दो।

यह समारोह कई अर्थों में अनूठा बन गया है

अपने एक सहयात्री, सुप्रसिद्ध लेखक और उपन्यासकार, तकषी शिवशंकर पिल्लै को भारतीय ज्ञानपीठ साहित्य पुरस्कार प्रदान करने का जो सम्मान आज मुझे मिला है, उसके लिए मैं अपने हृदय की गहराइयों तक झंकृत हूँ। यह समारोह कई अर्थों में अनूठा बन गया है। पहला तो यह कि हम अपने जिस समकालीन लेखक का सम्मान कंर रहे हैं। वह अपने विस्तृत और विराट साहित्यिक कार्य के लिए राष्ट्रीय और अंतर्राष्ट्रीय स्तरों पर पहले ही अपना स्थान बना चुका है। दूसरे, एक दूसरे देश तथा दूसरी भाषा का लेखक भारत के एक सर्वाधिक महत्वपूर्ण लेखक को भारतीय ज्ञानपीठ की ओर से यह पुरस्कार प्रदान कर रहा है। और तीसरा यह कि मलयालम के एक लेखक को स्पानी के एक लेखक के साथ जोड़कर भारतीय ज्ञानपीठ पुरस्कार की एक अनूठी विशेषता को दर्शाया गया है। यह एक ऐसा राष्ट्रीय पुरस्कार है जिसे प्रतिवर्ष विभिन्न भाषाओं में तथा विविध साहित्यिक परंपराओं वाले लेखकों को दिया जाता है। इस प्रकार यह पुरस्कार भाषाई राष्ट्रीयता की सीमाओं से आगे निकल जाता है। कहा जाता है कि भाषा ही लेखक की मातृभूमि होती है पर यहाँ भारत में तो राष्ट्र की अवधारणा किसी एक भाषा के साथ जुड़ी हुई नहीं है। भारत तो अपने आप में एक विश्व है। भाषाओं की एक महासभा।

भाषाओं तथा परंपराओं की विविधता के बावजूद आधुनिक भारतीय साहित्य में एकात्मकता के भी दर्शन होते हैं। यह एकात्मकता हमें साहित्यिक, ऐतिहासिक, धार्मिक तथा सांस्कृतिक स्रोतों की विविधता में दिखाई देती है। पिछली सदी के मध्य से ही पश्चिम के साहित्य का प्रभाव इस पर लगातार पड़ता रहा है, इसके अलावा स्थानीय परंपराओं तथा बोलचाल की शैलियों के प्रभाव के बावजूद वह एकात्मकता अक्षुण्ण है, शैलियों और सौंदर्य दृष्टि की समानताओं में इस एकात्मकता के दर्शन होते हैं। इस दृष्टि से पिल्लै ने बाहरी प्रभावों का अपनी राष्ट्रीय मेधा से उपयोग करके एक ओजस्वी गल्प का निर्माण किया है। अपने बचपन तथा युवावस्था में वे क्लासिकी साहित्य की परंपराओं के संपर्क में आए। महाभारत तथा

रामायण ने उन्हें विशेष रूप से प्रभावित किया, बाद में जब वे गद्य में लिखने लगे तो उन्होंने आधुनिक युग की श्रेष्ठ विधा, उपन्यास को चुना, उन्होंने अपने जन्म स्थान केरल के आम आदमी के जीवन के अँधेरे-उजाले पक्षों को अपनी कहानियों और उपन्यासों का कथ्य बनाया है बहुत कम समय में वे पूरे भारत में प्रसिद्ध हो गए। 1956 में 'चेम्मीन' के प्रकाशन के साथ ही उन्हें अंतर्राष्ट्रीय ख्याति भी मिली। इस उपन्यास का अनुवाद कई भाषाओं में हुआ, स्पानी में भी। यह एक ऐसी कृति है जिसमें पिल्लै का यथार्थवाद, अगर मैं कहूँ तो, और अधिक यथार्थ के साथ प्रकट हुआ है। मेरे कहने का तात्पर्य है कि भावातिरेक, फंतासी, मिथक आदि सभी मानवीय यथार्थों को स्वीकार करते हुए यह उपन्यास आगे बढ़ता है। यथार्थवाद अनिवार्यतः अयथार्थ की पर्याप्त मात्रा को अपने में समाहित किए रहता है, अन्यथा वह यथार्थवाद होगा ही नहीं।

पिल्लै की उपलब्धियाँ प्रशंसा के योग्य हैं। अपने मित्र नारायण मेनन की एक बात मैं यहाँ उद्धृत करने की अनुमति चाहूँगा। मेनन भारत के एक बड़े संगीत विद् होने के साथ-साथ एक प्रखर आलोचक और उतने ही विद्वान साहित्यकार भी हैं। (मुझे कवि येट्स पर लिखे उनके सारगर्भित निबंध की अब भी याद है जिसे हो सकता है कि वे स्वयं ही भूल गए हों। उन्होंने पिल्लै के बारे में लगभग बीस साल पहले लिखा था कि "पिल्लै अपनी उम्र के चालीसे में हैं। यह उनके जीवन के चरम निखार वर्ष हैं, वे आज अपने लेखन में विविधता ला रहे हैं, दिन-ब-दिन निखार ला रहे हैं। यह निखार उनकी मेधा का ही नहीं, उनकी विलक्षणता का भी पैमाना है। आप इतने सहज, प्रखर और गतिशील लेखनी वाले रचनाकार से जो भी उम्मीदें गलत नहीं रहीं और आज हम उनकी इस भविष्यवाणी को पूरा होते देख रहे हैं। आधुनिक भारतीय साहित्य के इस निर्माता का हम सादर अभिवादन करते हैं। यह भारतीय साहित्य जो कई भाषाओं में लिखा जाता है और समस्त मानव जाति की साझी सचाइयों को निरूपित करता है, वास्तव में, अपनी प्रकृति से ही सार्वजनिक है।

आक्टोविया पॉज

भाग एक

स्मृतियाँ

साहित्यकार की सामाजिक सजगता

पीछे मुड़कर देखते समय क्या आप बता सकते हैं कि एक लेखक की धड़कनें आपको कब सुनाई पड़ने लगी थीं?

तकषी : बचपन में ही अपने में छिपे लेखक को मैं ढूँढ़ पाया था। बचपन में पिता की गोद में बैठकर 'महाभारत' और 'रामायण' की तमाम कहानियाँ मैंने सुनी थीं। 'रचना' की कक्षा में मास्टर साहब उम्मन कहानी सुनाने के लिए मुझे आदेश देते थे। मेरे पिताजी को 'कथकलि' और 'तुल्लल' में परंपरागत दिलचस्पी थी। इशारों से वे कहानियाँ सुनाते थे। इनका अनुकरण करके मैं भी कहानियाँ सुनाने लगा। किंतु कवि के रूप में मैंने साहित्य-साधना शुरू की थी।

कवि के रूप में?

तकषी : कवि नहीं, पद्यकार कहना बेहतर होगा। बचपन में ही सारे पुराण पढ़े। 'महाभारत', 'रामायण', 'सावित्री महात्म्य', 'सन्मार्ग चरित' इनका अध्ययन किया था। ठीक याद नहीं है कि उन दिनों मैंने कितनी कविताएँ लिखी थीं।

पद्य से गद्य में आने का कारण क्या है?

तकषी : अधल धुष्पा से मैंने मिडिल स्कूल की परीक्षा पास की। निकट कोई हाईस्कूल नहीं था। मेरी बड़ी बहन वैकम में थी। उनके पति उधर एक्साइज इंस्पेक्टर थे। यों मैं वैकम हाईस्कूल में भर्ती हो गया। इधर आकर ई. वी. कृष्ण पिल्लै की मासिक पत्रिका 'कथा मालिका' मैंने पहली बार पढ़ी। ई.वी. की कहानियाँ मुझे काफी आकर्षक लगीं। हाथ में आई सारी चीजें मैं पढ़ने लगा। कुमारनारायण की कृतियाँ भी इधर आने के बाद मैंने पढ़ी थीं। मलयालम किताबें समाप्त-सी हो गईं। फिर अँग्रेजी कृतियाँ पढ़ने लगा। डिकन्स और स्काट की कृतियाँ पढ़ीं। ईसप्स फेबिल्स

भी। इन अँग्रेजी कृतियों तथा ई.वी. की कहानियों से मुझे प्रबल प्रेरणा मिली। बिना कुछ लिखे बैठना मेरे लिए संभव नहीं था। यही पहली कहानी की पार्श्वभूमि है। उसके लिए एक खास कारण भी था।

वह क्या ?

तकषी : वैकम में पढ़ते वक्त मेरे भाई की तब्दीली हो गई। फिर मैं मामा के घर में रहने लगा, जो काफी नजदीक ही था। पड़ोस के घर में मेरी एक सहपाठिनी थी। उससे मुझे कुछ लगाव-झुकाव हुआ। मुझे लगा कि अब कुछ लिखना अनिवार्य है। मानसिक तौर पर कहानी मेरी पसंद की विधा थी। इसलिए मैंने एक कहानी लिखी—एक ट्रेजडी। शीर्षक था—'कमलम्'। नेचुरल स्टडी की किताब में रखकर मैंने कहानी सहपाठिनी को दे दी, देते ही डरने लगा। दो-तीन दिनों के बाद सड़क के एक मोड़ पर उसने कहानी वापस दी। कहानी पर उसने लिखा था 'एक बढ़िया कहानी—बधाइयाँ'। काफी अरसे तक मैंने उसे एक यादगार के रूप में रखे रहा।

क्या बधाई का कुछ फल निकला था ?

तकषी : उस पर मैं कुछ बता नहीं सकता। जो भी हो उससे मुझे बड़ा प्रोत्साहन मिला। मैंने लगातार बहुत कुछ लिखा। यह छापने के विचार से नहीं था। लिखना-पढ़ना, पढ़ना-लिखना—उन दिनों यही मेरा काम था। एम. आर.के.सी.टी. बालकृष्णमेनन, ई.वी. कृष्णपिल्लै आदि की पूरी कहानियाँ मैंने पढ़ीं। कहानी लिखने के कारण मलयालम और गणित में 'फिफ्त फारम', में मैं फेल हो गया, कहानी की प्रेरक सहपाठिनी पास हो गई। इस घटना के बाद मैंने वैकम में पढ़ना छोड़ दिया।

आगे की पढ़ाई कहाँ हुई ? और साहित्यिक गतिविधियाँ कैसी थीं ?

तकषी : करुवाट्टा में मेरी पढ़ाई जारी रही। उधर के हेडमास्टर केनिक्करा कुमार पिल्लै ने मेरे साहित्यकार-रूप को पहचान लिया था।

वह कैसे ? किस रूप में ?

तकषी : उन्होंने ही मुझे टैगोर का परिचय दिया था। प्रमुख विश्व साहित्यकारों के बारे में उनसे जानकारी मिली। तब तक मेरा अध्ययन क्रमहीन था। इस प्राध्यापक के मार्गदर्शन से वह क्रमबद्ध हो गया। स्कूल की लाइब्रेरी में समकालीन अंग्रेजी साहित्य की कई विशिष्ट कृतियाँ उपलब्ध थीं। उन्होंने मुझे पहले टैगोर की कृति 'हंग्री स्टोन्स' दे दी। फिर ओ. हेनरी, विक्टर ह्यूगो, स्कॉट यहाँ तक कि काथरिन, मैन्सफील्ड की कृतियाँ भी मैंने उधर पढ़ ली थीं। एक जंगली पौधे के रूप में मैं उग रहा था। असल में मुझे हिफाजत से पालने वाले श्री कुमार पिल्लै ही थे।

उन दिनों आप पर किन-किन साहित्यकारों का प्रभाव पड़ा ?

तकष़ी : विक्टर ह्यूगो का। संयोगवश मैंने उन दिनों 'लामिजरेबल' का संक्षिप्त संस्करण पढ़ा था। उसका गहरा प्रभाव मुझ पर पड़ा। किंतु स्कॉट ने मुझे बिल्कुल प्रभावित नहीं किया था। हाँ, उनकी अँग्रेजी बढ़िया थी।

प्रथम कहानी कब, कहाँ प्रकाशित हुई ? प्रकाशनार्थ भेजने का कारण क्या था ? उसकी प्रतिक्रिया कैसी थी ?

तकष़ी : करुवाट्टा स्कूल में पढ़ते समय 'सर्विस' साप्ताहिक को 'साधुक्बल' (गरीब लोग) नामक कहानी भेज दी थी। उन्होंने उसका प्रकाशन किया। एन. एस.एस. स्कूल में पढ़ता था। इसलिए उन्हीं की पत्रिका को कहानी भेज दी थी। केनिक्करा साहब ने उसकी आलोचना की थी। उनकी आलोचना के बाद लगा कि सोचकर लिखना है। तब तक मैं मन के भावों को यों ही लिखता था। भावों और शब्दों को परखने की क्षमता कम थी। वांछित वस्तुओं को वांछित स्थान पर रखना ही कलाबोध है। उन दिनों किसी भाव या शब्द को छोड़ने में प्राणवेदना होती थी।

उसके बाद क्या आपने कहानियाँ ही लिखीं ?

तकष़ी : हाँ, स्कूल फाइनल की परीक्षा पास होने के तुरंत बाद पढ़ न पाया। पिताजी के परिवार की संपत्ति का बँटवारा हुआ। तब हमें कुछ नहीं मिला। मैं दो साल तक खाली बैठा रहा। इन दिनों मैंने कम पढ़ा और ज्यादा लिखा। 'मनोरमा' को दो-तीन कहानियाँ भेज दीं। उनका प्रकाशन हुआ भी। एक कहानी अप्रकाशित रह गई।

ऐसा क्यों !

तकष़ी : ए. बालकृष्ण पिल्लै की पत्रिका 'केसरी' में प्रकाशनार्थ एक कहानी भेज दी थी। शीर्षक याद नहीं है। अगले हफ्ते कहानी वापस गई। एक खत संलग्न था—कहानी लिखना जानते हैं किंतु शिल्प संबंधी कुछ बातें सीखनी हैं। 'केसरी' में ही आने वाली फ्रेंच कहानियाँ आदि पढ़िए। यही खत का उपदेश था।

कहानी लौटने पर आपके मन में क्या प्रतिक्रिया हुई ?

तकष़ी : निराशा की बजाय मुझे प्रोत्साहन मिला। मुझे मालूम हुआ कि जैसे लगता है वैसे लिखने से कहानी नहीं बनेगी। कहानी की अपनी एक टेकनिक है, उसको समझ लेना है, ऐसी इच्छा मेरे मन में उत्पन्न हुई। फ्रेंच की अनूदित कहानियाँ पढ़ने पर पता चला कि मेरी कहानियाँ कुछ भी नहीं हैं मन जिद करने लगा कि मुझे आगे पढ़ना है। मैं एक जंगली पौधा था। केनिक्करा कुमार पिल्लै ने उसको उद्यान में लगा दिया, उसको काट छाँट कर ठीक करने वाले व्यक्ति केसरी बालकृष्ण पिल्लै थे। 'आत्मा

का अट्टहास' केसरी में प्रकाशित मेरी प्रथम कहानी थी।

कहानी से आप उपन्यास के क्षेत्र में आए। इसका कोई कारण है ?

तकष़ी : कोई खास कारण नहीं है। कहानी लिखते समय ही मैंने उपन्यास लिखा था—'त्यागलिंडे प्रतिफलम्' (त्याग का पुरस्कार)। कदाचित् तिरुवनंतपुरम के वातावरण में रहने से मुझे उपन्यास रचना की प्रेरणा मिली थी। मैं नंदन कोट्टा में रहता था। मेरे अड़ोस-पड़ोस के लोग गरीब थे। उधर की औरतें अनाज पीस कर जीवनयापन करती थीं। पुरुष (नायर लोग) सैनिक थे। उनके जीवन को नजदीक से जानने का मौका मुझे मिला था।

पहली किताब किसने प्रकाशित की थी ?

तकष़ी : तिरुवनंतपुरम के कमलालय पब्लिशिंग हाउस ने पहली किताब प्रकाशित की थी। किताब का शीर्षक था 'पतित पंकजम्'। इसके प्रकाशन से काफी कोलाहल मच गया। ला कॉलेज के मेरे प्रिंसिपल मल्लूर गोविंद पिल्लै ने मुझे बुलाकर स्पष्टीकरण माँगा। उन्होंने इल्जाम लगाया कि किताब में 'भद्दी चीजें' हैं।

साहित्य रचना के लिए आपको पहली बार किससे पारिश्रमिक मिला था ?

तकष़ी : 'मलयालमनोरमा' से, 'आम के पेड़ के नीचे' (मांचुकट्टिल) नामक कहानी के लिए। तिरुवनन्तपुरम में रहते समय ई.वी. कृष्ण पिल्लै से परिचय संपर्क हुआ। उनको यह कहानी बेहद पसंद आई। उन्होंने कहानी संपादक माम्मन माप्पिला को भेज दी। उनकी टिप्पणी के साथ यह कहानी छपी थी। संपादक ने ही मुझे छह रुपए का मनी आर्डर भेज दिया था।

तिरुवनंतपुरम के वास ने तकष़ी को तकष़ी बनाया है, क्या आप ऐसा मानते हैं ?

तकष़ी : तिरुवनंतपुरम के वास के साथ साथ बालकृष्ण पिल्लै का मार्गदर्शन भी है। तिरुवनन्तपुरम के वास से मुझे ठोस जगह मिली। उन दिनों मैंने पहली बार मार्क्सवाद पढ़ा। 'लिटरेचर' महज साहित्य नहीं है राजनीति, समाजशास्त्र, इतिहास ये सब उसके भीतर हैं। इतिहास के बारे में एक आधुनिक दृष्टि आत्मसात करने में वह सहायक सिद्ध हुआ। कोई भी व्यक्ति एक साहित्यकार का निर्माण नहीं कर सकता है। उसको सुधार सकता है। यह बालकृष्ण पिल्लै का उसूल था उन्होंने मेरा सुधार किया था।

क्या उपन्यास आपका सर्वाधिक प्रिय माध्यम है ?

तकष़ी : हाँ मुझे ऐसा अहसास होता है। एक कहानी लिखते समय मैं और अधिक

विशाल जीवन को देखने लगता हूँ। कहानी में सब कुछ ठूँस देने की कोशिश करूँगा। कारण और कुछ नहीं, छोड़ देना एक वेदना है। जो भाव आता उसको छोड़े बिना यों ही लिखने में सुख है। बड़ी उम्र में मैंने पसंद की कोई कहानी नहीं लिखी है। सड़क के छोर पर मरणासन्न होकर लेटे एक बच्चे की श्वास गति मात्र को आधार बनाकर एक कहानी लिख सकता हूँ। किंतु जब मैं उसे देखता हूँ उसके पार के कई भाव मन में उमड़कर आते हैं। उनको महज एक कहानी में सीमित रखना मुश्किल है। उन सबको अभिव्यक्ति देनी है तो उपन्यास ही लिखना पड़ेगा। हाँ, मन पर कहानी का तीव्र प्रभाव पड़ेगा। यह उसका गुण है। इसलिए अब भी कभी-कभार मैं कहानी भी लिखता हूँ।

एक उपन्यास के प्रणयन के पहले उसकी पूर्ण रूपरेखा को क्या आप मन में तैयार करते हैं?

तकषी : नहीं, किसी कृति में ऐसा नहीं किया था, मुझे काफी बातें कहने को हैं। कथा और पात्र उसके वाहन हैं, कहने की बातें पहले रूप लेती हैं। उसके बाद लिखने का क्रम चलता है। उदाहरणार्थ 'रंट्टिटगषी' (दो सेर धान) को ही ले सकते हैं। असल में मेरे पिताजी की मृत्यु उसका कारण है। 1122 (मलयालम साल) में पुन्नप्रा वलयार आंदोलन ने खेती को एक धंधा बना दिया। मेरे पिताजी एक कृषक थे। उनमें उस आंदोलन के प्रतिफल मुझे दिखाई पड़े। कृषक और कृषक मजदूर के रिश्ते को इसने आमूलचूल बदल दिया। उस बात को कहने के लिए मैंने 'रंट्टिटगषी' उपन्यास लिखा था।

एक उपन्यास के लिए आप कितना समय लेते हैं?

तकषी : आठ-दस दिन से अधिक नहीं लेता। 'पेण्णु' (औरत) लिखने के लिए सात दिन लिए। 'चेम्मीन' (मछुआरे) के लिए भी सात दिन लगे। कोट्टयम के 'बोट हाउस लाईज' में रहकर उसकी रचना की थी। वापस आकर चार दिन बीमार पड़ा, 'रंटिट्गषी' के लिए दस दिन लिए। सिर्फ 'ऐणिप्पडिकल' (नशेनी की सीढ़ियाँ) के लिए एक महीना लगा।

कब आप ज्यादा लिखते हैं?

तकषी : सुबह दो बजे लिखना शुरू करना, रात को दस बजे सो जाना। सुबह दो बजे से छः बजे तक फिर लिखना। लिखी बातों को पुनः नहीं पढ़ता।

लेखन के संबंध में कोई आदत है?

तकषी : मैं हमेशा पेंसिल से लिखता हूँ। फुलस्केप कागज पर। स्याही से नहीं लिखता। पहले भी यही आदत थी। इसके लिए विशेष कारण नहीं है।

क्या लिखित चीज की पुनः नकल नहीं करते हैं?

तकषी : नहीं, पढ़ता भी नहीं। विरले अवसरों पर उनको कभी-कभार पढ़ लेता हूँ। काट-छाँट और सुधार भी कम करता हूँ। प्रसिद्ध उपन्यासों को पुनः नहीं पढ़ा।

उपन्यास का शीर्षक कब रखते हैं? पहले या बाद में?

तकषी : आधा लिखते समय नाम देता हूँ। 'ऐणिप्पडिकल' एक अपवाद है। एक बार दस-बीस पृष्ठ लिखे। इस बीच 'मातृभूमि' के संपादक श्री एन.वी. कृष्णवारियार का पत्र आया—उनके साप्ताहिक को एक उपन्यास देने के लिए। पहले विज्ञापन देने के लिए एक नाम सुझाया। शीर्षक देने में मैं निपुण नहीं हूँ।

कथापात्रों को आप कैसे नाम देते हैं?

तकषी : उसी अवसर पर निर्णय करता हूँ। पहले तय नहीं करता हूँ। उनके नाम स्वयं आएँगे।

क्या आपके पात्र आपके लिए परिचित हैं? क्या जीवन से आप उनको स्वीकारते हैं?

तकषी : नहीं। मैंने उनको नहीं देखा है। मेरे हाथ में आते समय कथापात्र मनुष्य बन जाते हैं। मुझे कुछ बातों या भावों को सामने रखना होता है। उन्हीं से मैं कथापात्र बनाता हूँ।

क्या आपने ऐसे प्रसंगों का वर्णन किया है जिनका आपसे सीधा संबंध नहीं है?

तकषी : इसमें मैं टूट जाता हूँ। भली भाँति सजे ड्राइंग रूम का वर्णन मैंने अभी तक नहीं किया है। उससे मेरा परिचय नहीं है—वो बात नहीं है। उससे लगाव कम होगा यही कारण है। मैं मानता हूँ वह मेरी अपनी कमजोरी है। वैचारिक लगाव होने वाली बातों के चित्रण करते समय ही मुझे कामयाबी मिलती है। अपरिचित प्रसंगों को मैं छोड़ देता हूँ।

एक अनुभव को अभिव्यक्ति देने के लिए उससे कितने समय तक अलग रहना होगा?

तकषी : अलग रहने की जरूरत नहीं है। अनुभव के अवसर पर ही लिख सकता हूँ। किंतु अनुभव यों लिखने के लिए नहीं है। ये बाद में लाभप्रद हो जाते हैं।

क्या आपका कोई पात्र पूर्णतः आपका प्रतिनिधित्व करता है?

तकषी : ऐसा नहीं है। कभी एहसास होता है कि मैं आ रहा हूँ। किसी कथापात्र के अनुभव की अभिव्यक्ति के दौरान मैं स्वयं को अभिव्यक्त भी करता हूँ। मेरे ही कारण पात्र 'वह' बन जाता है।

पात्र सृष्टि के बाद उनसे आपका कैसा रिश्ता रहता है ?

तकषी : कोई संबंध नहीं। 'तोट्टियुडेमकन' (भंगी का बेटा) का अँग्रेजी अनुवाद पढ़ा तो मैं अचंभे में पड़ गया। संदेह हुआ कि क्या यह मेरी ही रचना है ? मेरे पात्रों को मैं पसंद नहीं करता हूँ। उनसे मेरा कोई सरोकार नहीं है।

रचनारत होते समय क्या घटनाक्रम की गति को आप अपनी इच्छा से संचालित करते हैं ?

तकषी : ऐसा नहीं है। वह अपनी गति स्वयं बनाता है। उपन्यास की गति मनुष्य स्वभाव की जीवन की गति है। यदि आप अपने उपन्यास में अच्छे जीवन का चित्रण करते हैं तो किसी गलती के बिना वह आगे बढ़ेगा। परिस्थितियाँ ही जीवन को रूप देती हैं। मेरी सबसे बड़ी कमजोरी भी वही है। मेरे उपन्यास की कोई पूर्व निर्धारित कथा गति नहीं है। मेरी युक्ति, जीवन दृष्टि, और पहचान, परख ही मेरे उपन्यास की गति को नियंत्रित कर सकती है। जिस बात को मैं कहना चाहता हूँ उस पर पहले ही सोच विचार कर लेता हूँ।

क्या आपने दूसरे साहित्यकारों से विशेषकर कुछ सीखा है ? किसी साहित्यकार के प्रति क्या आप आभारी हैं ?

तकषी : ऐसा कुछ नहीं है। शिल्प के संबंध में प्रारंभ में मोपासां, चेखव, ह्यूगो, दस्तयोवस्की आदि से प्रेरित रहा हूँ।

अपनी कृतियों के संबंध में अब आप क्या अनुभव करते हैं।

तकषी : मैं सोचता हूँ कि असल में मैंने किया क्या है ? एक युग ऐसा था कि मलयालम साहित्य और जीवन में गतिरोध आया था। उस युग में जीवन और साहित्य को एक नई सरणी से प्रवाहित कराने के लिए साहसपूर्वक कर्मक्षेत्र में आए व्यक्तियों में से एक मैं भी हूँ। इतिहास के किसी कोने में मेरे बारे में ऐसा उल्लेख आ जाए तो—मैं उसे एक भाग्य समझूँगा। भंगी, कुट्टनाड का पुलथ-ईसाई इनके कुछ चित्र मलयालम में मैंने अवतरित किए थे। मैं कौन हूँ, मेरी जय और पराजय क्या है, इसका निर्णय आगामी पीढ़ी ही कर सकती है। फिलहाल इतना ही कहूँगा कि मैं वही लिखता हूँ जो मुझे भाता है।

क्या लेखक की आर्थिक स्थिति अच्छी होनी आवश्यक है ?

तकषी : बहुत आवश्यक है। खासकर उनकी जिनका अपना परिवार है। घर और परिवार के लोग जब भूखे रहते हैं तब मार्मिक साहित्य आएगा, ऐसा कहना निरर्थक है। टालस्टाय बड़े अमीर थे। वे अच्छी कृतियाँ लिख सके। चाहे भूखा रहे या अमीरी में डूब जाए तो भी सृजन शक्ति रखने

वाला लिखेगा ही। सृजन शक्ति नहीं है तो वह लिख नहीं पाएगा।

क्या लिखना आसान है ?

तकषी : लिखने के लिए बैठने तक का समय एक दीर्घ तपस्या है। पहले तय करना है कि क्या लिखना है। उसके बाद लिखना कठिन नहीं हैं।

आप क्यों लिखते हैं ?

तकषी : इसलिए कि मुझे कुछ कहना है। इसलिए कि मुझे लगता है—मुझे कुछ कहना है।

क्या अपनी कृतियों से आप संतुष्ट हैं ?

तकषी : हाँ, उसके भी कुछ भेद हैं। कुछ कृतियाँ लिखने के बाद बड़ा संतोष मिला। वह बढ़ता घटता रहता है। जो भी लिखें उसके बाद एक संतोष मिलेगा। जो कुछ कहना है उसी को लिखता हूँ। शायद संतोष का यही कारण होगा।

आपकी अपनी प्रिय कृति कौनसी है ?

तकषी : 'रंट्टिगषी'। वह मेरे ही जीवन का हिस्सा है। वह मेरे सीधे अनुभव का आकलन है। 'कुट्टनाड' को भारत के भूगोल में तथा विश्व के भूगोल में इस उपन्यास के द्वारा जगह मिली है। इस उपन्यास पर मैं ऐसा गर्व कर सकता हूँ।

क्या साहित्यकार के व्यक्तित्व की कुछ प्रमुखताएँ हैं ?

तकषी : हाँ, व्यक्ति के रूप में अपना बड़प्पन ही उसकी कृतियों में प्रतिबिंबित होता है। साहित्यकार को चाहिए कि वे अपनी कृतियों से भी बड़ा बनें। कुमारनारायण के मन में जितने विचार आए थे, उसका आधा अंश भी उनकी कृतियों में नहीं आया है। व्यक्ति हमेशा अपनी कृतियों से ऊपर रहेगा। मुझे लगता है कि यह साहित्य सृजन की खूबी है। मन के भाव कभी भी पूर्णतः साहित्य में नहीं आएँगे।

एक अच्छे उपन्यास का फार्मूला क्या है ?

तकषी : ऐसा कुछ नहीं है। एक अच्छा उपन्यास लिखा जाता है बिना किसी फार्मूले के।

लिखने लायक सबसे अच्छा वातावरण कौन-सा है ?

तकषी : ऐसा कुछ नहीं है, मैं कहीं भी रहकर लिख सकता हूँ। पूर्ण खामोशी आवश्यक है। इसलिए ही मैं सुबह के वक्त लिखता हूँ—

क्या लेखक की पाठक के प्रति कुछ जिम्मेदारी है ?

तकषी : जरूर है, वह उपदेश देने के लिए नहीं है। समाज की बहुमुखी उन्नति में दूसरों का जो कर्तव्य है उसमें समान कर्तव्य साहित्यकार का भी है। अलबत्ता साहित्यकार की सामाजिक सजगता आवश्यक है। इसी

सजगता के साथ ही उसे लिखना चाहिए।

मान लीजिए कि पाठक नामक एक वर्ग ही नहीं है। क्या उस स्थित में भी आप लिखते ?

तकष़ी : लिखा होता। किंतु इतना अधिक नहीं। मैं एक एक्साइज इंस्पेक्टर या डिप्टी तहसीलदार बनने वाला था। यदि ऐसा होता तो भी मैं लिखता। यही मेरा विश्वास है...लिखने की आसक्ति अपने आप मन में पनपती है।

दूसरों के साथ क्या आप अपनी कृतियों पर चर्चा करते हैं ? ऐसा करना पसंद करते हैं।

तकष़ी : नहीं, सिर्फ अपनी पत्नी से चर्चा करता हूँ। मेरा अनुभव है कि मेरी पत्नी जिसकी सराहना करती है दुनिया भी उसकी सराहना करती है। दूसरों के साथ चर्चा करना मुझे पसंद नहीं है। मुंडश्शेरी जैसे आलोचक मेरे मित्र रहे हैं। किंतु उनसे मैं अपनी कृति के बारे में बहस नहीं करता।

क्या आलोचकों का साहित्य के क्षेत्र में कोई स्थान है ?

तकष़ी : जरूर। चाहे खंडन हो या मंडन मूल्यांकन आवश्यक है। कोई भी साहित्यकार पूर्ण नहीं है। आलोचक भी पूर्ण नहीं है। मूल्यांकन न्यायाधीश के स्थान पर बैठकर करें तो अच्छा नहीं होगा।

क्या आलोचना साहित्यकार के लिए लाभप्रद है ?

तकष़ी : इसमें कोई संदेह नहीं है। उसके द्वारा लेखक की शक्ति और सीमा की पहचान होती है।

क्या आप किताबों पर आलोचनाएँ पढ़ते हैं ?

तकष़ी : हाँ, अन्य किताबों की आलोचनाएँ भी पढ़ता हूँ।

एक उपन्यास का सबसे प्रमुख तत्त्व कौनसा है ? कथानक ? पात्र ? रचना का ढंग ?

तकष़ी : लेखन ही तो सर्वप्रधान है। एक को दूसरे से अलग रखना असंभव हैं। सबके सामंजस्य से उपन्यास बनता है। कहने के लिए कुछ बातें होती हैं। उसकी अभव्यक्ति के लिए रूप होता है। ये दोनों हैं तो पात्र तथा वातावरण भी होगा।

'चेम्मीन' की पटकथा स्वयं आपने नहीं लिखी। इसका कारण क्या है ?

तकष़ी : एक बार लिखी गई रचना को पुनः लिखने में मुझे दिलचस्पी नहीं है। यही कारण है।

उपन्यास का भविष्य कैसा है ?

तकषी : अच्छा है। उपन्यास मनुष्य की कथा को बढ़ा-चढ़ाकर कहता है। उसका मनोरंजनगत मूल्य भी है। उसके साथ शैक्षिक मूल्य भी है। नाटक और उपन्यास का भविष्य अच्छा है। किंतु कविता एक 'स्किल्ड क्राफ्ट' है, जनसाधारण को वह स्वीकार्य नहीं होगी।

उपन्यास के परीक्षणों पर आपका अभिमत क्या है ?

तकषी : इतना कहना चाहता हूँ कि परीक्षणों से उपन्यास नहीं रह जाता है। परीक्षणों में रूप के लिए दौड़ ही दिखाई पड़ती है। उसका विरोध करना है। उस पर मुझे अमेरिकी प्रभाव ज्यादा दिखाई पड़ता है। वह भौतिक गति को रोकने की नशीली दवा है। मुझे लगता है कि समाज की प्रमुख समस्याओं से ध्यान को विचलित करने का विधान है। एक फलाँ थीम को चेतना प्रवाह शैली में ही लिखना है तो होने दीजिए। रूप का प्रतिपाद्य से अटूट संबंध है। क्राफ्ट, दृष्टि विशेष और सामाजिक बोध आवश्यक अंग हैं। रूप स्वाभाविक होता है, उसका निर्माण नहीं होता।

क्या आज उपन्यास आवश्यकता से अधिक नहीं रचे जा रहे ?

तकषी : नहीं, कई फालतू उपन्यासों के बाद ही एक अच्छा सार्थक उपन्यास आता है।

उदीयमान लेखका को क्या आप संदेश देना चाहते हैं ?

तकषी : खास कुछ कहने को नहीं है। जीवन को सीखना है, अनुभव करना है। जिम्मेदार होना है, तो लिखने के लिए बातें होंगी, रूप होंगे और उपन्यास भी होंगे।

भेंटवार्ताकार : टी. एन. जयचंद्रन

'मार्क्स मेरे आदर्श'

आपका बचपन कैसा रहा?

तकषी : जैसी आप उम्मीद करते हैं वैसा खुशनुमा नहीं। और बहुत खराब भी नहीं। निम्नमध्यवर्गीय परिवार में जन्म लेने के कारण कभी-कभी धान कटाई के समय मजदूरी पर जाना पड़ता था। कपड़े कभी आवश्यकता से अधिक नहीं रहे। जरूरत भर पूरी हो जाती थी।

ज्ञानपीठ पुरस्कार की घोषणा पर आपको कैसा लगा?

तकषी : जैसा साहित्य अकादमी पुरस्कार और 'पद्मभूषण' पाने पर लगा था। मतलब अच्छा लगा। हाँ, ऐसा महसूस हुआ कि अब मेरे पाठकों का दायरा बढ़ गया है।

तकषीजी, क्या आप महसूस करते हैं कि आपकी रचनाओं का सही मूल्यांकन किया जाए तो आपको 'नोबेल प्राइज' मिल सकता है?

तकषी : (जोर से ठहाका लगाते हुए) क्यों नहीं, क्यों नहीं। परंतु मैंने कभी भी इस उद्देश्य से लेखनी नहीं चलाई कि मुझे कोई पुरस्कार मिले। आजकल मैं अपने नवीनतम उपन्यास 'इडविनानम्' को पूरा करने में लगा हूँ। उपन्यास के 100 पृष्ठ पूरे हो चुके हैं। परंतु पुरस्कारों के कारण किए जा रहे सम्मान समारोहों में निरर्थक व्यस्तता के कारण काम आगे नहीं बढ़ पा रहा।

निरर्थक व्यस्तता से आपका मतलब?

तकषी : (फिर एक बार जोर का ठहाका) जैसे कि पत्रकारों को इंटरव्यू देना।

अपने उपन्यास 'चेम्मीन' में और ज्ञानपीठ द्वारा पुरस्कृत 'कयर' में अपने आम आदमी और खास तौर से निम्नमध्यवर्ग का ही चित्र प्रस्तुत किया है। तो क्या आप मार्क्सवाद से प्रभावित हैं?

तकषी : यह बात सही है कि मेरे लेखन में मार्क्सवादी चिंतन का स्पष्ट प्रभाव है। शायद आपको मालूम नहीं कि मैं मार्क्स को अपना आदर्श मानता

हूँ। अपने नए उपन्यास 'इडवितानम' के बारे में मैंने अभी आपसे चर्चा की थी। इस उपन्यास में सर्वहारा वर्ग की परिस्थितियों को ही उभारने की कोशिश कर रहा हूँ।

भारतीय संदर्भों में सर्वहारा वर्ग की आपकी परिभाषा क्या है ?

तकषी : मेहनतकशों का वह हिस्सा वर्ग संगठित नहीं है और पूँजीवादी शोषण एवं सुविधाभोगी संगठित कामगारों के दो पाटों के बीच बुरी तरह पिस रहा है।

और ईश्वर के बारे में आपके क्या विचार हैं ?

तकषी : 'आई डोंट बिलीव इन गॉड'। जो चीज अस्तित्व में ही नहीं है, उसके बारे में विचार क्या हो सकते हैं ?

वर्षों तक वकालत करने के बाद, आप अचानक पूरी तरह से साहित्य-साधना में लीन हो गए। इसकी कोई विशेष वजह ?

तकषी : यह सही है कि मैंने 21 वर्षों तक वकालत की। एक दिन मुझे ऐसा लगा कि झूठ को सच और सच को झूठ बनाने वाला यह धंधा मेरे अनुकूल नहीं है। बस, उसी दिन वकालत को तिलांजलि दे दी और फिर जो साहित्य-साधना शुरू हुई तो आज तक निरंतर चली आई है।

एक निहायत निजी प्रश्न। 'प्यार' शब्द के बारे में आपके क्या खयालात हैं ?

तकषी : (जोर से हँसते हुए कहते हैं) बहुत खूब। अच्छा प्रश्न किया आपने। मैं तो यह कहूँगा कि प्यार बड़ी अच्छी चीज है और हिम्मत का काम भी। जो आदमी अपनी पत्नी को प्यार कर सकता है, समझिए वह चीते को भी प्यार कर सकता है।

ज्ञानपीठ पुरस्कार में मिलने वाले डेढ़ लाख रुपये को आप किस प्रकार उपयोग में लेंगे ?

तकषी : यह भी कोई पूछने वाली बात है। बड़ा परिवार है। बहुत-से खर्चे हैं। सब बराबर हो जाएगा। और फिर आज के युग में रुपए का मूल्य भी कितना रह गया है। अब से 10-15 वर्ष पूर्व डेढ़ लाख का मतलब डेढ़ लाख ही हुआ करता था। अब तो मुद्रा का काफी अवमूल्यन हो गया है। फिर भी मुझे इन पैसों से काफी सहारा मिलेगा।

आप एक हजार पृष्ठ के विराट उपन्यास 'कायर' (डोर) के बारे में पाठकों को कुछ बताना चाहेंगे ?

तकषी : पिछली दो शताब्दियों की केरलीय ग्रामीण समाज व्यवस्था को ज्यों का त्यों चित्रित करने का प्रयास किया गया है। इसमें वास्तविक घटनाओं का समावेश है। यही कारण है कि यह उपन्यास अपने आप में एक

दस्तावेज बन पड़ा है। 'कयर' की कहानी एक गाँव की कहानी है परंतु उसमें निहित जो सार्वभौमिक तत्त्व है, वह स्पष्ट दृष्टिगोचर होता है। यदि यह घर-घर की कहानी नहीं भी है, तब भी गाँव-गाँव की कहानी अवश्य है।

'कयर' पर आपको ज्ञानपीठ पुरस्कार मिला है। 'चेम्मीन' पर सफलतम मलयालम फिल्म बन चुकी है। दूसरी रचनाएँ भी आपकी काफी चर्चित हैं। आपको अपनी रचनाओं में कौन-सी सर्वश्रेष्ठ लगती है ?

तकषी : आप अपने बच्चों में से किसे सबसे ज्यादा चाहते हैं ? मुझे मेरी सभी रचनाएँ समान लगती हैं, श्रेष्ठ लगती हैं। मैं उनमें कोई भेदभाव नहीं रखता। यह अलग बात है कि किसको कौन-सी कृति पसंद आ जाए।

भेंटवार्ताकार : श्रीकांत पाराशर

मनुष्य और मेरा साहित्य

आरसु : *साहित्य के क्षेत्र में आपके पदार्पण के समय कई चुनौतियाँ थीं। उन दिनों आपने उनका मुकाबला कैसे किया था। ?*

तकषी : मैंने जानबूझकर चुनौतियों का मुकाबला नहीं किया था। हाँ अवचेतन मन में ऐसा विचार रहा होगा। मेरी पीढ़ी के साहित्यकारों का रवैया था कि मौजूदा रिवाज़ का डटकर विरोध करना है। **बशीर, देव, वर्की** और **ललितांबिका अंतर्जनम** उस पीढ़ी के साहित्यकार थे। अपने विचारों को निर्भीक होकर समाज के सामने पेश करना हमारी आदत बन गई थी। एक **अतर्जनम** (नंपूतिरि घराने की महिला) की इतनी निर्भीक प्रतिक्रिया आज भी कम महत्त्व की बात नहीं है।

आरसु : *क्या उस विरोध को उस ज़माने में स्वीकृति मिली ?*

तकषी : कहाँ मिली ! उसका भी विरोध हुआ। पंडितों ने हमारी आलोचना की। वे काव्यमीमांसा और सौंदर्यशास्त्र के क्षेत्रों से जुड़े हुए थे। वे उसके बराबर व्यक्ति को विकसित करने के इच्छुक थे। किंतु बड़े मार्के की एक बात हुई—आम आदमी को हमारा विरोध खूब पसंद आया।

आरसु : *आम आदमी को लक्ष्य करके अपने साहित्य-साधना की थी न ?*

तकषी : लिखते वक़्त मेरा ध्यान आम आदमी या पंडित पर नहीं था। ज़िंदगी-महज ज़िंदगी को लक्ष्य करके लिखा। पंडितों की बनी-बनाई कसौटी-पर ये सारी बातें ग़लत सिद्ध हुईं। वे उसमें कलातत्त्व देख न पाए। सर्वथा निर्दोष एक पात्र की सृष्टि करना मेरे लिए मुमकिन नहीं है। एक परमदुष्ट का वर्णन भी मैं कर न पाऊँगा। गुण और अवगुणों से युक्त पात्रों को ही मेरी रचनाओं में स्थान मिला है। मैं पात्रों की तलाश में नहीं जाता हूँ। वे स्वयमेव मेरी कृतियों में घुस आते हैं। मैं फलाँ बातों का वर्णन करना चाहता हूँ। पात्र उन बातों के अनुगामी होकर आ जाते हैं।

आरसु : *अब हम एक सदी की अंतिम वेला से होकर गुज़र रहे हैं। और हम एक नई सदी के उदय के लिए प्रतीक्षारत हैं। इस वक़्त आपके मन का मंथन करने वाला मुख्य मसला क्या है ?*

तकषी : आज हमारे सामने कई विकराल समस्याएँ हैं। आज के अख़बार में 'एड्स' नामक एक भीषण बीमारी की ख़बर आई है। पता नहीं यह बीमारी कैसी है ? आज विज्ञान और टेकनॉलाजी का विकास हुआ है। किंतु उसके साथ-साथ नई निराली चुनौतियाँ भी उभर आई हैं। मैं अंदाज़ा नहीं लगा सकता कि इक्कीसवीं सदी का हाल क्या होगा। सच कहूँ तो उसके बारे में सोचते समय डर लगता है। हाल में दक्षिण अफ्रीका में एक अश्वेत कवि को श्वेत शासक ने फाँसी की सज़ा दी है। यह रंगभेद नीति का दारुण परिणाम है। मेरे सम्मान में लगातार आयोजित सभा-सम्मेलनों में मैं इसके बारे में कहता रहता हूँ। मैंने उधर यह राय प्रकट की है कि इन समारोहों से भी बढ़कर हमारा ध्यान उस बर्बरता पर आकृष्ट होना है। और एक चेतावनी नक्षत्र-युद्ध की है। इसके बारे में जानना भी डरावनी स्थिति है।

आरसु : *आप विरोध और विद्रोह के रास्ते से अग्रसर हुए थे। किंतु ताज्जुब की बात है कि आज के युवा साहित्यकारों के प्रति आप असहिष्णु हैं ?*

तकषी : मैं युवा पीढ़ी की प्रति अनुदार और असहिष्णु नहीं हूँ। मेरी यह हार्दिक कामना है कि वे भविष्य की चेतावनियों और आशंकाओं का सामना करने के लिए धैर्य सँभालें। आज की जीवन-परिस्थितियाँ बहुत नाजुक हैं। यह संकीर्णता की पराकाष्ठा है। इनका मुकाबला करना है। मैं तहे दिल से चाहता हूँ कि युवा पीढ़ी उसके लिए हर प्रकार से शक्ति अर्जित करे।

आरसु : *यानि आपकी दृष्टि में आज की युवा पीढ़ी शक्तिहीन है ?*

तकषी : आज की चुनौतियाँ बीभत्स हैं। आज की युवा पीढ़ी के पास 'इनफॉरमेशन' की समृद्ध संपत्ति है। वे इस राह में आगे बढ़कर गुमराह न हो जाएं। 'इनफॉरमेशन' को 'नॉलेज' (ज्ञान) में बदलना है। उसके लिए एक वैचारिक प्रयास आवश्यक है। क्या आज वह प्रयास हो रहा है—मुझे संदेह है। **बलूण** शीर्षक उपन्यास में मैंने इसका जिक्र किया है। मिसाल के तौर पर व्यभिचार—असल में यह एक प्राचीन संस्था है। मनुष्य ने जब सामाजिक जीवन शुरू किया था तब से लेकर अब तक यह कायम है। पुराने ज़माने में उसे कानून का समर्थन भी मिला। इतिहास में बताया गया है कि सिपाहियों की माँग की पूर्ति के लिए 'ब्रोथल' का रिवाज़ कायम किया गया। स्थिति ऐसी रही होगी। किंतु इसके बल पर हमारे

पारिवारिक ढाँचे तथा नैतिकता को निरर्थक माना जाए तो क्या हाल होगा ? हमें हर चीज़ का वस्तुनिष्ठ होकर मूल्यांकन करना होगा। युवा पीढ़ी दिशाहीन न बने। यही मेरी कामना है।

आरसु : *आज के कुछ साहित्यकार और समीक्षक प्रगतिवादी (मलयालम में पुरोगमनम्) दृष्टि और मार्क्सवादी दृष्टि को एक ही मानते हैं। क्या प्रगति को किसी सिद्धांतवाद की बपौती बनाना उचित है ?*

तकषी : मैं ऐसा नहीं मानता हूँ। मार्क्सवादी दृष्टि राजनीतिक दल की रोज़ ब रोज़ की गतिविधियों को प्रश्रय देती है। दलों के लिए ऐसा करना आवश्यक होगा। वे मार्क्सवाद के बुनियादी सिद्धांतों से विचलित हो जाएँगे। किंतु साहित्यकार इससे सहमत नहीं होंगे। एक ज़माने में बताया गया था कि स्टालिन दुनिया के श्रेष्ठ साहित्यकार हैं। हम लोगों ने इसका विरोध किया। तब इधर के प्रगतिवादी संघ में दरारें आ गईं। जोसफ मुंडश्शेरी जैसे समीक्षकों ने कहा कि साहित्य में 'रूपभद्रता' की ज़रूरत है। तब हमारे सरीखे लेखक 'रूपभद्र' ठहराए गए। दूसरी राय यह थी कि रूप की जरूरत नहीं है, कहने वाली बात की स्पष्टता काफ़ी है। हम लोग इसको मानने के लिए तैयार नहीं थे। जो भी हो, तब प्रगतिवादी साहित्यकार भिन्न-भिन्न खेमों में पड़ गए। आज की हालत क्या है ? कम्युनिस्ट लोग मानते हैं कि प्रगति उनके संरक्षण में रखने की चीज़ है।

आरसु : *एक सृजनशील साहित्यकार की हैसियत से प्रगति पर आपकी मौलिक दृष्टि क्या है ?*

तकषी : प्रोग्रेस का अर्थ ह्यूमन प्रोग्रेस है। मुख्य बात वही है। तब भी वह ठीक थी आज भी वही लागू है। **पॉल, देव** और मैं इस विचार के समर्थक थे। कम्युनिस्ट पार्टी के अनुसार हमारा रवैया ग़लत था। उन दिनों मार्क्सवादी चिंतक **दामोदरन** ने ऐसा कहा था। आज **नंपूतिरिप्पाद** भी इसको दोहराते हैं। क्या राजनीतिक दलों के कार्यकलापों का समर्थन करना प्रोग्रेस है ? सादा प्रश्न यही है। मान लीजिए आज नक्षत्र युद्ध के बारे में सोचकर कोई लेखक मन ही मन घबरा उठता है। उस घबराहट से निःसृत साहित्य को प्रोग्रसिव कहने में मुझे कतई संकोच नहीं होगा।

आरसु : *दलितों और पीड़ितों की जीवन-परिस्थितियों पर आप शुरू से लिखते रहे। परिवर्तन का स्वर उसमें प्रबल था। आज उनकी परिस्थितियाँ काफी सुधर गई हैं। क्या उसको देखकर आज आपको मानसिक परितोष मिलता है ?*

तकषी : जी हाँ, काफी परिवर्तन आए हैं। किंतु मैं दावा नहीं करूँगा कि मेरी

रचनाओं के कारण यह परिवर्तन आया है। जब परिस्थितियाँ बदलीं, तब परिवर्तन परिलक्षित हो गया। यदि आप लोग मानते हैं कि इसका श्रेय लेखकों को है तो मुझे कोई आपत्ति नहीं है। सिर्फ खुशी ही होगी।

आरसु : *आपने रोमांस का वर्णन किया है। रियलिज़्म भी आपका कार्यक्षेत्र रहा है। कुछ समीक्षक इन दोनों को परस्पर विरोधी प्रवृत्तियाँ या आंदोलन मानते हैं। इस पर आपका क्या तर्क है ?*

तकषी : मुझे कभी भी ऐसा नहीं लगा है। बहरहाल, मैं आंदोलनों का ख़याल नहीं करता हूँ। आंदोलनों से जुटकर लिखने में मुझे रुचि नहीं है।

आरसु : *किंतु कुछ आंदोलनों के कर्ताधर्ता आपको उनके तरफ़दार मानते आए हैं ? क्या आप उससे अवगत नहीं है ?*

तकषी : जी हाँ, मुझे उसका पता चला है। पर मैं क्या करूँ ? आंदोलनों के बारे में सीखकर, उनके कठघरों में बंद होकर मैंने कुछ भी नहीं लिखा है। आंदोलनों के बारे में बहुत कुछ पढ़ा। तब मन में यह विचार उत्पन्न हुआ कि यह नहीं पढ़ना चाहिए था। कला की परिभाषाएँ पढ़कर कला की सृष्टि करने के लिए निकला तो पता चला कि इससे कला उत्पन्न नहीं होगी।

आरसु : *आपकी कृतियों में* **चेम्मीन** *का स्वर कुछ भिन्न है। आलोचकों ने कहा है कि इधर उपन्यासकार अंधविश्वास का समर्थक है। इस पर आपका क्या अनुचिंतन है ?*

तकषी : **चेम्मीन** में मैंने अरयों (मछुआरों की एक जाति) के जीवन से जुड़े रिवाज़ का वर्णन किया है। अगर आलोचक उसको अंधविश्वास मानते हैं तो होने दीजिए। उनके लिए उसका स्वर भिन्न होगा। जानबूझकर मैंने कुछ भी नहीं बदला है। अरयों की ज़िंदगी को मैंने नज़दीक से देखा था। उससे मेरा तादात्म्य स्थापित हो गया। तब मुझे इस ढंग से लिखना अच्छा लगा। मैं इन बातों पर सचेत भी नहीं था कि उनके रिवाज़ अंधविश्वास हैं या नहीं। जो दृश्य दिखाई पड़े और जो मन में अंकित हो गए, उनके आधार पर लिखा। सागर तट पर जाकर सूर्योदय देखने मात्र से आदमी कविता नहीं लिख पाएगा। जीवन से जुड़ी बातों को देखें तो वह कविता में स्वयमेव आ जाएँगी। **चेम्मीन** में मैंने देखी-परखी चीज़ों का ही वर्णन किया है।

आरसु : *क्या अरयों के जीवन-क्रम में कोई विशेष आचार संहिता कायम है ?*

तकषी : मैंने अरयों के जीवन के रस्म और रिवाज़ को पैनी दृष्टि से देख लिया था। सागर तट के उन निवासियों के जीवन की कुछ ख़ासियत होती है। यह हमारे जीवन-क्रम से भिन्न है। इसको आप लोग ही आचार

संहिता मानते हैं। वे अरय ऐसा नहीं सोचते हैं। मेरा स्पष्ट विचार है कि वे उसी ढंग से ही जीवन बिता सकते हैं। वे सागर की संततियाँ हैं। पर, वे इस बात से भी अवगत नहीं होंगे। **चेम्मीन** में मैंने जानबूझकर अपना दृष्टिकोण नहीं बदला है।

आरसु : *आपने अन्यत्र लिखा है कि सागर तट से आपने 'करुत्तमो'...वाली पुकार सुन ली थी। याने पात्र-परिचय उधर ही हुआ था।*

तकषी : सही बात है। वह पुकार मैंने सुन ली थी। 'चेम्मीन' लिखते वक़्त वह उधर घुस आई। अगर वह पुकार नहीं सुनाई पड़ती तो उसका नाम और कुछ लिख डालता।

आरसु : *युवा लेखकों पर आप इल्जाम लगाते हैं कि वे पश्चिमी लेखकों के शिल्प का अनुकरण करते हैं। आपने पहले* ***चेख़व*** *और* ***मोपासाँ*** *के शिल्प के अनुसार लिखा था न ?*

तकषी : आपकी बात बिलकुल ठीक है। शुरू में मैं फ्रेंच और रूसी भाषाओं की कथाओं के शिल्प का गुलाम बन गया था। **कयर** लिखते समय मेरे मन में यह बोध उत्पन्न हो गया कि भारतीय या केरलीय जीवन को अभिव्यक्ति देने के लिए पश्चिम का वह शिल्प कदापि सक्षम नहीं है। हमारी परंपरा में नानी-दादी की कथा का ढंग है न ? 'कयर' की कथा उसी शिल्प के ढाँचे में ही ढल गई।

आरसु : *पश्चिमी शिल्प को आज नाकाम कहने का कारण क्या है ?*

तकषी : 'कयर' लिखते समय पहुँचे निष्कर्ष के आधार पर ही यह बात कह रहा हूँ। हमारे प्रांत के भूनियम के ढाई सौ वर्ष का इतिहास लिखने की बात मन में आई। इसके बारे में मैंने बहुत सोच-विचार किया। तब मुझे अहसास हुआ कि इधर की कथा लिखने के लिए यूरोपं का शिल्प सहायक नहीं बन पाएगा। यूरोप के विद्वान भारतीय उपन्यास को देखकर कहते हैं कि यह उनका उपन्यास है। याने हमारा उपन्यास पश्चिमी उपन्यास का गुलाम है। **नॉयपाल** ने भारतीय उपन्यास को **मिमिक्री ऑफ वेस्टर्न नॉवल्स** कहा है। हम क्यों उनका अंधानुकरण करें। लैटिन-अमेरिकन उपन्यासों का क्या हाल है ? उनके पास अपना शिल्प है। उस पर उन्हें गौरव भी है। वे खुलकर कहेंगे कि हम अपने शिल्प में अपनी बातें अभिव्यक्त करेंगे। किंतु हमारे पास वह धैर्य नहीं है। यहाँ तक कि भारतीय जीवन का समग्र चित्रण पेश करने वाले **प्रेमचंद** भी पश्चिम के गुलाम थे।

आरसु : *आप किस आधार पर* ***प्रेमचंद*** *पर यह इल्जाम लगाते हैं ?*

तकषी : शिल्प के मामले में प्रेमचंद पश्चिम के ऋणी थे। उन्होंने इधर का विषय

स्वीकार किया था। किंतु वह शिल्प पश्चिम का था।

आरसु : *आपने भी ऐसा ही किया था, न ?*

तकषी : जी हाँ, मैंने शुरू में ऐसा किया था। मैं पश्चिमी शिल्प का गुलाम हो गया था। बाद में ही मुझे पश्चिमी शिल्प की कमज़ोरी और हमारे शिल्प की कामयाबी का पता चला। **महाभारत** के कथावर्णन का ढंग मुझे पसंद आया। 'कयर' की कथा कहने के लिए मैंने उस शिल्प का सहारा लिया। उसने ही मुझे बचाया। यह एक विनम्र प्रयास था। कृति सफल है, असफल इसका निर्णय पाठक ही कर सकते हैं।

आरसु : *आपकी आरंभिक कृतियों में झंडे, जुलूस और नारों का बोलबाला है। इसका कोई खास कारण है ?*

तकषी : जी हाँ, मैं मान लेता हूँ। उस ज़माने की परिस्थितियाँ ऐसी थीं। मैंने ही पहले खेती के क्षेत्र में संघटित वर्ग संग्राम का वर्णन किया था—**रंटिटंगषी** नामक उपन्यास में। उसके रचनाकाल में मुझे इसका पता नहीं था। बाद के अध्ययन और अन्वेषण से इसकी जानकारी मिली।

आरसु : *'रंटिटंगषी' के अनुवाद के दौरान उसके कुछ अंशों पर पाबंदी लगाई गई थी। आपने काँग्रेस के अत्याचारों का वर्णन किया था। साहित्य अकादमी के लिए यह एक सिरदर्द बना था। क्या मेरी बात ठीक है ? उस विवाद का माहौल क्या था ?*

तकषी : वह तो एक रोचक घटना है। हिंदी के कुछ पंडितों ने बताया था कि इस उपन्यास में वर्ग संघर्ष और कम्युनिज़्म है। अंतिम अध्याय को सुधारकर लिखने के लिए कहा गया। यह तर्क उठाने वालों में **रामधारीसिंह दिनकर** भी थे। मैंने निःसंकोच कहा कि उसका एक अक्षर भी बदलने को मैं तैयार नहीं हूँ। अंत में मामला **नेहरू** के विचारार्थ आया। उन दिनों वे साहित्य अकादमी के अध्यक्ष भी थे। कृति की टंकित प्रति पढ़कर उन्होंने पूछा कि उसका क्या दोष है। यह उस भाषा की एक क्लासिक कृति होगी। इसको बदलकर लिखने के लिए कहने का हमें क्या हक है ? साहित्यकार को अपने ढंग से सोचने दो। नेहरू का निर्णय आया तो सारी आपत्तियाँ दब गईं।

आरसु : *ज्ञानपीठ पुरस्कार आपकी तमाम कृतियों के लिए प्रदान किया गया है। ऐसी भी सूचना है कि चयन में ''कयर'' पर विशेष बल दिया गया है। एक मज़ेदार बात सुनाऊँगा—अँग्रेज़ी में यह शीर्षक 'कयर' (असल में कोयर) लिखा गया। उसका लिप्यंतर हिंदी में 'कायर' बन गया। 'कायर' का हिंदी अर्थ है भीरु या डरपोक। उसका असली अर्थ रस्सी या डोर है। हिंदी की कई पत्र-पत्रिकाओं में पुरस्कार समाचार ख़ासा*

मज़ेदार ढंग से आया था।

तकषी : क्या आप ठीक कह रहे हैं ? यह अफसोस की बात है। एक बात मुझे कहने दो। इस कृति में एक भी भीरु नहीं है। कयर एक 'प्रॉपर नाउन' है—एक व्यक्ति वाचक संज्ञा।

आरसु : *आपके उपन्यासों में 'कयर' का विशिष्ट स्थान है। इसकी रचना प्रेरणा से जुड़ी कुछ बातें जानने को मैं उत्सुक हूँ।*

तकषी : हमारे देश का अतीत कैसा था ? हमारे पूर्वज कैसे थे ? क्या वे बुद्धिमान थे या बेवकूफ ? हमारी प्रेरक शक्ति क्या थी ? ये सारी बातें जानने के लिए मैंने अपने ढंग से कोशिश की थी। यह उपन्यास उस दिशा में मेरे कई सालों के परिश्रम और चिंतन-मनन का परिणाम है। पिछले तीस साल की अवधि में मेरे जीवन में 'कयर' के विचार से मुक्त एक दिन भी नहीं गुज़रा था। मैंने कई पुराने दस्तावेज़ देख लिए, पढ़ लिए। उसके ज़रिए कई बातें समझ पाया। बारीकी से देखें तो इस उपन्यास में पुराने ज़माने की शिक्षा नीति, गणित और सदाचार-चिंतन आदि की बातें भी देख पाएँगे। पुराने ज़माने में ज़मीन का मनमाना दाम नहीं माँगा गया था। उन दिनों ज़मीन का दाम तय करने का एक अलग तरीका था। उसमें 'उभयम', 'राजभोगम्' जैसी शर्तें थीं। आज वे सारी आचार संहिताएँ नष्टप्राय हैं। उन सारे परिवर्तनशील परिणामों के बारे में एक उपन्यास लिखने की इच्छा मेरे मन में प्रबल हो उठी थी। इस उपन्यास में 250 साल की बातें वर्णित हैं। इसमें एक हज़ार से अधिक पात्र हैं। उपन्यास लिखते समय मुझे नोट्स लेने की ज़रूरत और आदत नहीं है। कहने की बातें मन में स्पष्ट थीं। पात्र और घटनाएँ उनके अनुगामी होकर आते रहे।

आरसु : *इस उपन्यास का एक उल्लेखनीय पात्र है—सुरेंद्रन—वह कम्युनिस्ट है। आपने उसके चरित्र को बहुत कलंकित किया है। क्या आप इसके ज़रिए कम्युनिस्टों का पर्दाफाश करना चाहते हैं ? क्या आप सोचते हैं कि आज के कम्युनिस्ट आदर्श को खोकर अवसरवादी बनते हैं ? आलोचकों ने सुरेंद्रन के चरित्र-चित्रण पर टीका-टिप्पणी की है।*

तकषी : आलोचकों की प्रतिक्रिया ऐसी हो सकती है। मुझे कम्युनिज़्म के प्रति कोई एतराज नहीं है। 'कयर' का सूक्ष्म अध्ययन करें तो पाठक एक बात समझ पाएँगे। याने इस उपन्यास के सामाजिक विश्लेषण का मूलाधार मार्क्सवादी चिंतन ही है। क्या आपका यही मकसद है कि मैंने सुरेंद्रन को आदर्श के ढाँचे में नहीं ढाला है ?

आरसु : *उसको एक पतित पात्र सा बना दिया है। क्या आप सहमत हैं ?*

तकषी : उस प्रकार के सुरेंद्रन हमारे गाँवों में बहुतायत से दिखाई पड़ेंगे। इस पर मैं क्या करूँ ? मैंने किसी भी व्यक्ति को आदर्श के ढाँचे में नहीं ढाला है। मेरा यह ध्येय भी नहीं रहा है। ऐसी बात है तो गाँधीवादी पात्र कुं न नायर पर आलोचक क्या कहेंगे ? हम गाँधीजी पर भी टीका टिप्पणी कर सकते हैं। जीवन को देखते समय, मैं आदर्श पर ध्यान नहीं दूँगा। मेरी योजना में भी वह बात शामिल नहीं है। मेरा मकसद मानव से कच्चे मानव से है।

आरसु : *आपने कहा है कि आदर्श की अपेक्षा जीवन महान् है। तब एक प्रश्न उठा है। क्या जीवन को महान् बनाने वाला तत्त्व आदर्श नहीं है ?*

तकषी : जी हाँ, जीवन में आदर्श का बड़ा महत्त्व है। सामाजिक जीवन की गरिमा का आधार आदर्श है। समाज के तौर पर मनुष्य का रहना ही आदर्श जीवन है।

आरसु : *यूरोपीय साहित्यकारों के बारे में हम काफ़ी परिचित हैं किंतु एक राष्ट्र के होने के बावजूद बहुभाषी होने के कारण पास-पड़ोस के लेखक हमारे लिए अजनबी रहते हैं। इस समस्या को सुलझाने के लिए कैसा क़दम उठाना आवश्यक है ? क्या हमारी अनुवाद-परियोजनाएँ सार्थक लगती हैं ?*

तकषी : आपकी बात सही लगतीं है। मैं भी इसका सहभागी हूँ। कुछ हद तक जिम्मेदार भी हूँ। भारत के कम लेखकों से मेरा संपर्क रहा है। हमारे देश के कई लेखकों से मेरा रिश्ता नहीं बन पाया है। उसके लिए सुविधा नहीं मिली है। इसको सुलझाने के लिए सरकार को योजनाएँ बनानी हैं। उनके सांस्कृतिक विभाग सीमित दायरों में बंद होकर भावात्मक एकता की बातें करते रहें तो कुछ भी फायदा नहीं होगा। अनूदित रचनाएँ पढ़ने वाले भी कम हैं। बंगला में मलयालम की बहुत कम किताबें ही आई हैं। मेरी और **बशीर** की कुछ किताबें अनूदित हो गई हैं। हाँ, उनके पास **टैगोर** और **शरत** की कृतियाँ हैं। मलयालम में बंगला की सैकड़ों कृतियाँ आई हैं। मलयालम भाषी अनूदित कृतियों को निगलते है। मैं मज़ाक में नहीं बोलता हूँ। यह भलाई का ही द्योतक है। किंतु बंगला भाषी सिर्फ़ देने को तैयार हैं। वे लेने में उदार नहीं हैं।

आरसु : *क्या अन्य भारतीय भाषाओं का भी हाल वही है ?*

तकषी : जी हाँ, आम तौर पर हाल वही है। किंतु हिंदी की स्थिति कुछ बेहतर है। हिंदी की 'रीडिंग पब्लिक' दूसरी भाषाओं की कृतियों को भी पढ़ने में दिलचस्पी दिखाती है। यह हर्ष की बात है।

आरसु : *दूसरी भाषाओं से मलयालम में अनुवाद के ज़रिए आई कौन-कौन सी*

कृतियाँ आपको कालजयी लगती हैं?

तकषी : अनुवाद के ज़रिए मलयालम में आई अधिकांश कृतियाँ मैंने पढ़ी हैं। **प्रेमचंद** की कृतियाँ मुझे पसंद आईं। 'ययाति' (मराठी) 'आरोग्य निकेतन', 'गणदेवता' (बँगला) आदि कृतियाँ भी मुझे अच्छी लगी हैं।

आरसु : *आप प्रेमचंद का मूल्यांकन कैसे करेंगे?*

तकषी : **प्रेमचंद** अपने ज़माने के बेहतरीन दर्पण हैं। उन्होंने उत्तर भारत की ज़िंदगी का समग्र और ईमानदार वर्णन किया है। उनकी टक्कर के ईमानदार लेखक बिरले ही होंगे।

आरसु : *आपकी कृतियाँ देश-विदेश की कई भाषाओं में अनूदित हो गई हैं। क्या विदेशी भाषाओं में सीधे अनुवाद हुए थे? उन अनुवादों से क्या आप संतुष्ट हैं?*

तकषी : मैंने कई देशों का भ्रमण किया है। विदेशों में अपने पाठकों से मेरी मुलाकातें हुई हैं। मेरे उपन्यासों की लाखों प्रतियाँ उधर बिक चुकी हैं। अँग्रेजी, रूसी, चेक, इतालवी, अरबी आदि भाषाओं में सीधे अनुवाद हुए हैं। अनूदित उपन्यास मुख्यतः 'चेम्मीन', 'रंटिटंगषी' और 'तोट्टियुडे मकन' हैं। चेक अनुवादक **कैमिल स्वेलाबिन** मेरे घर आए थे। इटली के मलयालम भाषियों की मदद से इतालवी अनुवाद तैयार हुआ। केरल का एक अरबी विद्वान कैरो विश्वविद्यालय में है। नाम भूल गया। उन्होंने अरबी अनुवाद किया है। **आर.ई. आशर** और **नारायण मेनन** मेरी कृतियों के अँग्रेजी अनुवादक हैं। अँग्रेजी के माध्यम से कई विदेशी भाषाओं में अनुवाद आए हैं। 'तोट्टियुडे मकन' (अनुवादक-आशर) का अनुवाद बेहतरीन है। 'रंटिटंगषी' का अनुवाद संतोषजनक नहीं है। 'चेम्मीन' का अनुवाद बढ़िया है। इसके अनुवादक नारायण मेनन हैं। हिंदी अनुवाद श्रीमती भारती विद्यार्थी ने किया था। ये अनुवाद सफल हैं।

एक भाषा में एक प्रांत के बारे में लिखी गई कृति का अनुवाद दूसरी भाषा में आता है तो कुछ अंश उतने ही मार्मिक नहीं रह पाएंगे। वह स्वाभाविक है। तीव्रता कम हो जाती है तो अनुवादक हर दफ़ा उसके लिए जिम्मेदार नहीं होते। तमिल और मलयालम के प्रांतों के जीवन में अंतर बहुत कम है। किंतु उधर भी अनुवाद में फर्क पड़ता है। तब दूसरी भाषाओं की स्थिति का अंदाजा लगा सकते हैं।

आरसु : *आपने वकील, किसान और साहित्यकार के रूप में जीवन बिताया है। क्या आप अपने जीवन की उपलब्धियों पर संतुष्ट हैं?*

तकषी : वकील का जीवन मैंने बीच में छोड़ दिया। इस पर मुझे खेद है। मैं किसान रहा किंतु खेती कम हो गई। यह भी दुःखद बात है। लेकिन

कुल मिलाकर मैं संतुष्ट हूँ। इस देश के एक गौण कोने में जन्म लेकर मैं इतना कुछ कर सका, पा सका। इस पर मुझे खुशी है। इस भूतल पर करोड़ों अरबों लोग पैदा होकर चल बसे। उनमें से एक मैं भी पैदा हुआ, पला-बढ़ा, और समय पाकर मिट जाऊँगा। ऐसी स्मृति को मैं मन में सँजोता हूँ। इससे बढ़कर और क्या संतोष हो सकता है।

मेरी प्रथम कहानी

मैं निरंतर लिखता तथा पढ़ता रहता था। हर नई कृति पढ़ते समय एहसास होता था कि मुझे नई जानकारी मिल रही है।

टैगोर की कई कहानियों के अनुवाद तब मलयालम में उपलब्ध थे। ई.वी. कृष्णपिल्लै की कई कहानियाँ प्रकाशित हुई थीं। मुझे एक बात याद आती है। मैं ज्यों ज्यों कृतियाँ ज्यादा पढ़ता गया, मेरी धारणाएँ बदलने लगीं। पता नहीं चला कि यह गुण के पक्ष में आता है या दोष के। एक बात निश्चित है : ज्ञान की पकड़ में आनेवाली तमाम बातें साहित्य सृजन के लिए उपयोगी बन जाती हैं। बहरहाल, विवेचन और औचित्य के क्षेत्र में आदमी बाद में ही पदार्पण कर पाता है।

उस ज़माने में मलयालम में बहुत कम पत्रिकाएँ प्रकाशित होती थीं। मेरी पहली प्रकाशित कहानी का शीर्षक 'साधुक्कल' (गरीब लोग) था। इसके रचनाकाल में मैं करुवाट्टा स्कूल में पढ़ता था। नायर सर्विस सोसाइटी के 'सर्विस' नामक अखबार में वह कहानी प्रकाशित हुई थी। उसकी कथावस्तु गरीब लोगों की किसी जीवन समस्या पर केंद्रित थी। इसके अतिरिक्त कहानी की विस्तृत बातें अब मुझे याद नहीं हैं। वह कहानी अब मेरे पास नहीं है। मेरे किसी भी संकलन में वह शामिल नहीं है। मुझे इस बात पर गर्व था कि छपने लायक एक कहानी मैंने लिखी है। उस जमाने की कहानी-आलोचना की कुछ खूबियाँ थीं। साहित्य के शोध छात्रों की नजर में वे कदाचित उल्लेखनीय बातें नहीं होंगी। उनका विशेष ध्यान साहित्य की विकास-गति पर पड़ेगा। उस ज़माने की आलोचना में कुछ प्रतिमान सुझाए जाने थे। अच्छी कहानी लिखने के इच्छुक युवकों को उन मापदंडों पर ध्यान देना था। एक सुझाव यह था : कहानी को प्लॉट (Plot) चाहिए। फिर परिणति पर ध्यान देना है। पात्रसृष्टि और एक तत्त्व है। भलाई और बुराई के बीच संघर्ष आवश्यक है। कहानी में नायक और नायिका अनिवार्य हैं। भलाई के प्रतीक के रूप में उनका चित्रण होता है। बुराई के प्रतीक के रूप में खलनायक भी चाहिए। ये सारे तत्त्व

जब एकमेक हो जाएँगे तब एक संदेश भी मिलना है। इस संदेश पर ध्यान केंद्रित करके ही कविता, कहानी और उपन्यास की रचना होनी है। वे संदेश चिरंतन जीवन मूल्यों पर आधारित हों। उदाहरण भी बताऊँगा। उस युग में ब्राह्मण भक्ति तिरस्कृत होती थी। किंतु ब्राह्मणत्व शाश्वत है। शूद्र भी ब्राह्मण बन सकता है। आचारों में परिवर्तन सँभव है। कहानी और कविता के बारे में इस प्रकार के प्रतिमान निर्धारित हो गए थे। पता नहीं क्यों इन प्रतिमान ने मुझे अपने रास्ते से विचलित नहीं किया था। एक बात मैं दृढ़तापूर्वक कह सकूँगा। प्लॉट, विचित्र प्लॉट के गठन के लिए मैंने कोशिश नहीं की। आज भी ऐसा नहीं करता। कहानी या उपन्यास लिखने के लिए पहले ही प्लॉट तय करने की आदत मुझे मंजूर नहीं है। कृत्रिम ढंग से कहानी का गठन करना, पात्रों को सजाधजा कर रखना था। ये सब आज भी मेरी आदत नहीं बन पाई है। उस युग में भी मैंने सद्‌गुण संपन्न नायक या नायिका की कल्पना नहीं की थी। गुणों के विरोध में खड़े खलनायक या धृष्ट पात्र की भी कल्पना मैंने नहीं की थी। ऐसे पात्रों को जीवन में देखने के प्रसंग भी याद नहीं आते। उस युग में कई जीवनमूल्य अप्रासंगिक बन रहे थे। स्वतंत्रता आंदोलन सक्रिय होकर पराकाष्ठा पर पहुँच रहा था। कई मूल्यों को झकझोर दिया गया था। एक नया सामाजिक जोश वातावरण को तीव्र बना रहा था। सत्य, धर्म, न्याय आदि मूल्य नई कल्पना में पड़कर दब रहे थे। परिवारिक कुलीनता और आर्थिक गर्व कहीं जाकर छिपने के लिए लालायित थे। गैर ब्राह्मण लोग मंदिर में प्रवेश करके उधर की घंटी बजा रहे थे। परय, पुलय जैसी निम्न जातियों के लोग मंदिर जाने की माँग पर अटल थे। वे कहने लगे कि छुआछूत को नहीं मानेंगे, दूर खड़े होने को उद्यत नहीं हैं। स्त्री-पुरुष के रिश्ते में परिवर्तन की प्रबल कामना थी। हालत ऐसी बनी थी कि शादी महज मज़ाक नहीं है। कहानी लेखन में कुछ तत्त्वों का पालन होना था। किंतु मैंने उनका खयाल नहीं किया। जो कुछ कहना चाहता था वह हर स्थिति में कह डालूँगा। यह मेरा रवैया था।

मेरी रचनाओं में प्लॉट नहीं है, परिणाम गुप्ति नहीं है। पात्र सृष्टि नहीं है। उनमें सुंदर और असुंदर नारियाँ नहीं हैं। आदर्शधीर और क्रूर आदमी नहीं है। किंतु उनमें मानव आए। मैंने इंसानों की सृष्टि नहीं की है। इंसानों की बात कहते समय इंसान सहज ढंग से आए। जीवन के बारे में कहते समय भलाई, बुराई, दुःख, सुख सब प्रतिफलित हो जाते हैं। मैंने जानबूझकर भलाई या बुराई को अधिक महत्त्व देकर चित्रित करने का प्रयास नहीं किया है। भलाई और बुराई जीवन के परिप्रेक्ष्य में ऊँचे या नीचे स्तर पर खड़ी हुई होगी।

पढ़ाई और पांडित्य से विहीन कुछ छोकरे एक साहसी काम कर रहे हैं। बुजुर्ग पीढ़ी ने इस पर ध्यान दिया था। इसकी जानकारी उन्हीं दिनों में प्राप्त करनी थी। कुछ सालों के बाद केशवदेव (तकषी की पीढ़ी के लेखक) ने साहित्य के क्षेत्र के

मठाधीशों के खिलाफ एक चुनौती दी थी।

इस युग में अहिंसा कोने में पड़ी एक शिला थी। गाँधीवादी दर्शन ने बुजुर्ग पीढ़ी को असामान्य ढंग से प्रभावित किया था। हमारे हाईस्कूल के प्रधान अध्यापक कैनिक्करा कुमारपिल्लै के उस दर्शन से प्रेरित प्रभावित थे। क्लास रूम में बैठते समय हमें उस प्रभाव का पता चला था। गाँधीजी के स्वतंत्रता आंदोलन के कदमों के पीछे हमेशा एक दार्शनिक आधार था। महाकवि बल्लत्तोल ने गाँधीजी और स्वतंत्रता संग्राम पर कविताएँ लिखी थीं। उन कविताओं को पढ़कर मैं उस में लयलीन हो गया था।

मेरी तमाम कृतियों के बारे में अब याद करने की कोशिश करते वक्त एक प्रश्न मेरी ओर ताक रहा है। स्वतंत्रता संग्राम की गतिविधियों के पीछे गाँधीवादी दर्शन का आधार था। किन्तु मेरी कृतियों को उससे क्या एक नई प्रेरणा मिली थी ? यह मेरा आत्मविश्लेषण है। इस पहलू का विशेष अध्ययन करना है कि गाँधी दर्शन ने मेरी पीढ़ी के कितने लेखकों को प्रेरित किया है।

पूरे देश में एक न एक ढंग से स्वतंत्रता संग्राम चल रहा था। इससे मेरे मन में भी जोश आ गया। विदेशी कपड़े बेचने वाली दूकानों के सामने पिकेटिंग, नशाबंदी कार्यक्रम, अस्पृश्यता विरोधी वह भागीदारी निरुद्देश्य नहीं थी। उस आंदोलन के लक्ष्यों में मेरा मन डूब गया था। कोई उल्लेखनीय अभियान नहीं थे। इतिहास में उनका वर्णन नहीं हुआ। गाँव के छोटे-छोटे संग्राम थे।

गाँधीजी के स्वतंत्रता आंदोलन को पूरे देश का सहयोग मिला था। उसी रास्ते से आगे बढ़कर हम आज़ाद बने थे। कहीं विचलित होने के आसार नज़र आये तो वे सख्त चेतावनियाँ देंगे। भभकती समराग्नि में लक्ष्य के निकट पहुँचने के एहसास होने पर भी विचलन के नाम पर गाँधीजी ने पानी डाला था। स्वतंत्रता संग्राम के जारी रहने के अवसर पर ही भविष्य के भारत के जीवन दर्शन को वे रूप दे रहे थे। कई कोनों से असहमति और शिकायतें आई थीं। स्वतंत्रता संग्राम के कदमों के सामने हम झुक गये। बढ़िया अनुशासन था। किंतु एक बात पर संदेह है। क्या उस जीवन दर्शन को भारतीय जनता ने माना था ? क्या वह हमारे खून में घुलमिल गया था ? भारत के लोग अकेली पड़ी जनता नहीं है। हम अलग और अकेले होकर रह भी नहीं सकते। गाँधी दर्शन हमारे खून में लयलीन नहीं हो गया था। भले ही उसके पास परम्परा की सिद्धियाँ थीं, तथापि उसकी यही हालत थी।

सवाल यह है कि एक विराट संग्राम की पैंतरेबाज़ी की अपनी कमज़ोरियाँ भी थीं या नहीं ? अनुभव के आधार पर मानना है कि ऐसी कमज़ोरियाँ अवश्य थीं। यह बात मैं एक आम आदमी के तौर पर कर रहा हूँ। वह कमज़ोरी संग्राम में अन्तर्लीन थी। ऐसा मत मानिए कि स्वतंत्रता संग्राम के इतिहास का भलीभाँति

अध्ययन करके, अपने तर्कों को पेश करने का ज्ञान प्राप्त करके मैं ऐसे निष्कर्ष पर पहुँच रहा हूँ। भारत का बँटवारा क्या उस संग्राम में निहित कमजोरियों का परिणाम नहीं है ? आरोपों से मुक्त होने के लिए हम किसी दूसरे को दोषी ठहरा सकेंगे। इतिहास को भी दोषी मान सकेंगे। किंतु वह घटना घटी। हम अपने स्वतंत्रता संग्राम के कदमों पर भी दोषारोपण कर सकेंगे। इस दृष्टि से मैं यह बात पेश कर रहा हूँ।

अनेक प्रसंगों में गाँधीजी से उनके निकट के कुछ अनुयायी असहमत हो गए थे। किंतु वे लोग भी गाँधीजी से प्यार करते थे। उनकी आज्ञाओं का वे पालन करते थे। उनके जीवन से उभरा दर्शन भविष्य में भारत को स्वीकार्य नहीं था। हमारी कमाई के एक हिस्से के रूप में वह सँभालकर रखा गया था। विश्व की मुक्ति के लिए सक्षम दर्शन के रूप में सराहा गया वह दर्शन दूर बसे एक नक्षत्र के रूप में चमक रहा है। कभी-कभी लगता है कि भारत को छोड़कर बाकी सारे देशों को उस दर्शन का तेज आकृष्ट कर रहा है। घुमाव-फिराव के रास्ते को छोड़कर एक बात मैं खुलमखुल्ला बता रहा हूँ। मेरी पीढ़ी के साहित्यकार गाँधीजी से प्यार करते थे। किंतु क्या उन्होंने गाँधीदर्शन को आत्मसात किया था ?

गाँधीदर्शन के बारे में ज्यादा बताने की ज़रूरत नहीं है। हमने एक ऐसे दर्शन को रूप दिया। जैसे मैंने पहले ज़िक्र किया था वह भारत की परंपरा के अनुकूल मिली एक कमाई है। गाँधीजी के नेतृत्त्व में हुए हमारे स्वतंत्रता आंदोलन का अंतिम चरण सफल हो गया था। गाँधीजी राष्ट्रपिता ही हैं। वह पावन स्मृति पीढ़ियों तक कायम रहेगी।

मेरी जीवनसंगिनी कात्ता

आज के युवक अक्लमंद हैं। शादी के फंदे में फँसने के पहले वे अवश्य लड़की को देखेंगे। अगर लड़की को पालना मुश्किल है तो शादी न करने का निर्णय लेंगे। लड़की भी यह जाँच लेगी कि लड़के के गुजारे के लिए पर्याप्त है कि नहीं। मेरी शादी के अवसर पर हालत ऐसी नहीं थी। उन दिनों ऐसी बातों की जानकारी प्राप्त करने का विवेक न लड़की को मिला था न लड़के को। उन्हें उसकी आज़ादी भी नहीं मिली थी।

उन दिनों के तौर-तरीकों के अनुसार शादी के बाद लड़की को लड़के के घर ले जाया करते थे। माँ ने यों याद दिलाई थी—इधर का सारा काम मुझे ही करना पड़ता है। उस लायक एक लड़की को पकड़ लाना है। माँ की बात सही थी। नौकर-चाकरों को भी खाना पकाकर परोसना था। धान उबालना, सुखाना, उससे चावल निकालना—ये सारे काम हैं। उन दिनों इलाके में राइस मिलें नहीं थीं। हर घर में ओखली और मूसल थे। माँ का ध्यान उस बात पर पड़ा था। सारे काम खुद वे किया करती थीं। मदद के लिए एक लड़की को चुन लिया था।

कात्ता को तनिक भी ऊब नहीं थी। शादी करके लाई गई लड़की को ये सारे काम करना ही है। हर काम खुद उसने किया। माँ को काफी आराम मिला। अब और शिकायत नहीं थी। क्या कात्ता के मन में स्वप्न नहीं थे ? मैंने उसके बारे में नहीं पूछा था। शायद नहीं थे। अगर बात ऐसी नहीं थी तो अपने स्वप्नों को वह दबा रही थी। उस स्थिति में भी कम से कम स्वप्नों के दीर्घ निःश्वासों को बाहर आना था। रात के अकेलेपन में चटाई पर लेटते समय उन स्वप्नों को चमक-दमक मिली होगी। जो भी हो, उसकी बातें मेरे कानों में नहीं आई थीं। मेरे मन में एक पीड़ा थी। वधू को लाने के कारणों की ओर जब माँ ने इशारा किया था तब मेरे मन को दुःख लगता था। क्या हमारे लिए एक घर ज़रूरी नहीं है ? अगर घर की बात को टाल भी दें तो पत्नी को अच्छे कपड़े और सुगंधित साबुन खरीदकर तो देना है न ? हमें इधर के इलाकों में—कम से कम आलप्पुषा या अंपलप्पुषा

तक—एक साथ टहलना है न ? पिताजी उसके लिए कपड़े खरीदते थे। अंबलप्पुषा के त्योहार के अवसर पर कीमती अच्छी वस्तुएँ खरीदते थे। छोटे मर्तबान में तेल है। हर पखवारे में एक बार धोबी आता था। वह सब कपड़े धोकर ले आता था। घर में भरपेट खाने के लिए चावल है। इसके सिवा एक लड़की की क्या माँग होगी ? काफी अरसे तक हम दोनों एक साथ बाहर नहीं निकले थे। शादी क्यों हुई ? मुझे विवाह एक बोझ-सा लगा। मैंने कात्ता के लिए कौड़ी तक खर्च नहीं की। उसके लिए मेरे पास धन नहीं था। लेखन से किंचित पारिश्रमिक मिलता था। वह पैसा मैं माँ के हाथों में सुपुर्द कर देता था। यही बात मैं जानता था। कात्ता के हाथों में पैसा देना—क्यों ऐसा करूँ ? उसे पैसे की क्या ज़रूरत है ? वकालत से मुझे अच्छी आमदनी नहीं होती थी।

कात्ता अपने माँ-बाप की छोटी लड़की थी। सबसे ज्यादा लाड़-प्यार से उन्होंने उसका लालन-पालन किया था। भाई-बहनों का भी बहुत प्यार उसे मिला था। कात्ता की माँ के मन में एक दुःख था। एक स्नेहहीन आदमी के हाथों में उन्होंने अपनी लाड़ली लड़की को सुपुर्द कर दिया है। उन्होंने यह स्वप्न देखा होगा कि आलप्पुषा में एक घर बनाकर एक वकील की पत्नी के रूप में वह रहेगी। पति के घर में भारी काम करके वह रहती है। सास-बहू का झगड़ा भी हुआ होगा। उस बेचारी औरत को बड़ा दुःख हुआ। इस बीच और एक बात हुई। बेटी बच्चे को जन्म नहीं देती है। उनकी (माँ) मृत्यु का प्रसंग मुझे याद आता है। अपनी छोटी बेटी को देखकर वे आँसू बहाती रहीं। उनके होंठ हिलते थे। यों उनकी आँखें बंद हुईं। कात्ता ने अपने मन की एक भी चाह न कहकर मुझे परेशान नहीं किया था। यों एहसास होता था कि उसके मन में कामनाएँ नहीं थीं कोशिश करने पर भी उसकी चाह को समझ न सकता था। भले ही स्वतंत्रता संग्राम के अवसर पर मैं एक डरपोक था लेकिन कात्ता उसके लिए जिम्मेदार नहीं थी। "क्यों जेल जाते हो, ये सब हम नहीं कर सकेंगे।" कभी उसने ऐसा कहा था। पति के माथे पर तिलक लगाकर उसे रणक्षेत्र में भेजनेवाली कई वीरांगनाएँ हमारे देश में थीं। फिर इस प्रकार की भी कुछ औरतें हैं। पैर पकड़कर लेटकर पति को रोकनेवाली औरतें भी हुई हैं। कहने का मकसद है कि मेरी पत्नी मेरे लिए कभी भी एक परेशानी नहीं थी। आज भी नहीं है। किंतु दिन के ढलते ढलते उस बेचारी औरत के बारे में सोचकर मेरे मन की टीस बढ़ती रही। मैं उसके लिए कुछ भी नहीं करता हूँ। मैं उससे प्यार करता हूँ। उस बात को मैं जानता हूँ। माँ-बाप द्वारा आयोजित शादी के पति-पत्नी इसी प्रकार प्यार करते हैं।

उसके कानों में मैं धीमे स्वर में कहता था—"हमारी ज़िंदगी में भी अच्छे दिन आयेंगे।" सच बात है। वह मुझसे पूछती थी "अच्छे दिन का मकसद क्या है ?" इस लड़की से क्या कहूँ ? वह जीवन भी उसकी नज़र में अच्छे दिनों का था।

किंतु कभी-कभी वह नाराज़ होती थी। कई सालों के बाद मुझे एक बच्चा पैदा हो गया था। कात्ता ने सिर्फ चौथे या पाँचवें कक्षा तक की शिक्षा पाई है। किंतु कहानी की किताबें लगातार पढ़ती थी। तकषी गाँव में आने के बाद उसे समय नहीं मिला। किताबें पढ़ने का मौका कम हो गया। हम अलग घर में रहने लगे तो फिर किताबें पढ़ने लगी। 'मातृभूमि' साप्ताहिक में मेरा उपन्यास 'एणिप्पडिकल' (सीढ़ियाँ) धारावाहिक रूप में छप रहा था। इस दौरान प्रो. कुट्टिप्पुषा कृष्णपिल्लै (समीक्षक) ने संपादक के नाम एक पत्र भेजा। उन्होंने यों लिखा था, "मेरा विश्वास है कि इस उपन्यास की पात्र कार्तायनी अम्मा तकषी की सहधर्मिणी कात्तम्मा है।" कात्ता का ध्यान इस पत्र पर पड़ा। उसे तब गुस्सा आया। पत्र का लेखक और कोई नहीं—कुट्टिप्पुषा कृष्णपिल्लै है। मेरे मित्रों में कात्ता को सबसे ज्यादा आदर कृष्णपिल्लै के प्रति था। दूसरे मित्रों की वह टीका-टिप्पणी करती थी। किंतु कृष्णपिल्लै के बारे में ऐसा कुछ नहीं कहा था। पक्का सात्विक आदमी। कई बार वे हमारे घर आए थे। जब कृष्णपिल्लै ने ऐसा लिखा है तो बात गलत नहीं बन सकती। कात्ता ने मुड़कर मुझसे पूछा, "लिख-लिखकर क्या अब मेरे बारे में भी लिखने लगे हैं ?" उसने आज भी वह उपन्यास पूरा नहीं पढ़ा है। आगे भी नहीं पढ़ेगी। उस पर बनी फिल्म भी नहीं देखेगी। उसने ऐसी कसम खाई है। किंतु उस फिल्म तथा कई भाषाओं में आये उस उपन्यास के अनुवादों की बड़ी राशि पारिश्रमिक के रूप में मिली है। उस पारिश्रमिक के प्रति कोई परहेज नहीं है। इतना ही नहीं उसका हिसाब भी पूछती है।

मेरे साहित्यिक जीवन में कभी भी कात्ता की दखल नहीं हुई है। किताबें जब छपकर आती हैं तब वह पढ़ेती है। उस पर कभी अपनी राय भी प्रकट करेगी। लिखने और पढ़ने के लिए आवश्यक सुविधाएँ प्रदान करने में वह तब और भी कायल है। अगर मेरी पत्नी साहित्यिक रुचि संपन्न एक औरत होती तो मेरा पतन हो जाता। मुझे ऐसा ही एहसास हुआ है। यह मेरी आदत है। कायदे से वकील जीवन बिताते समय भी कात्ता ने मेरे जीवन को क्रमबद्ध बनाया था।

आप शायद यह सोचकर मेरी खिल्ली उड़ाएँगे कि मैं अपनी पत्नी की खुशामद कर रहा हूँ। ऐसा लगे तो क्षमा करें। यादों की शृंखला को यों लिखते समय यदि मैं अपनी पत्नी की एक दफा स्तुति करूँ तो उसमें मुझे कोई अनौचित्य महसूस नहीं होगा। आपको शायद उसमें दिलचस्पी नहीं होगी। किंतु यह मेरे आत्मसंतोष के लिए है। मलयालम साल 1160 चिंगम महीने की तीस तारीख को हमारी शादी हुई थी। आत्मकथा लिखते समय शादी का पचासवाँ साल बीत रहा है। हम दोनों गर्व के साथ कह सकेंगे कि शादी के पहले के समान शादी के बाद भी प्रेम करना संभव है।

जब मैं युवक था

आज के युवकों की समस्याओं से मैं भली भाँति अवगत हूँ। उनको मैं समझ सकता हूँ। पुराने युग की तुलना में आज का जीवन कई दृष्टियों से संकीर्ण बन गया है। उस पेंचीदगी में पड़कर युवा पीढ़ी भटक रही है। इस दृश्य को भी मैं सहानुभूति से देख सकता हूँ। मैंने इस बात को सूचित करने की कोशिश की है कि मेरी युवावस्था का युग कैसा था। अपनी समस्याओं को मैंने ईमानदारी से चित्रित किया। आज कुछ लड़के पूछते हैं कि आखिर जीवन का अर्थ क्या है ? यह लापरवाही से पूछा जानेवाला प्रश्न नहीं है। कभी किसी खास प्रसंग में एक युवक यह भी पूछ सकता है कि मेरा जन्म क्यों हुआ है ? मैंने भी पहले यह प्रश्न पूछा था। कभी स्थिति यहाँ तक आती है कि माँ-बाप को उसके लिए दोषी ठहरा सकते हैं। आज के युवकों से लगाव होने के कारण उस पार न जा सकूँगा। रसोई घर से 'हे मुन्ना' वाली पुकार सुनाई पड़ेगी। उसको मैं सुनूँगा और पास जाऊँगा भी। यह सहज है। एक-एक स्वप्न का ताना-बाना बुनना, फिर उसका टूटना, यह बात रोज़ होती रहती है। रिश्तों का अर्थ खुल जाता है। ऐसा अनुभव हमेशा होता रहता है। यह बात आज के समान उन दिनों में भी होती रहती थी। आज की संकीर्णता में वह और भी युक्ति संगत ढंग से अनुभूत होती है। कहने का मक़सद इतना ही है। उस युग में मानसिक दर्द से सोचा था कि क्यों मेरी बड़ी बहन ने ऐसा किया था। किंतु आज का युवक साहस के साथ कहेगा कि मैं इस बात को समझता हूँ। अनुभव की भट्ठी से गुज़रने के कारण सारे रिश्तों में परिवर्तन आया है। आज भाई के घर में बहन एक मेहमान है। पहले वे एक ही घर के सदस्य थे न ? आज बूढ़े माँ-बाप की सेवा-शुश्रूषा के लिए पूरी व्यवस्था करके अपने घर में अपने मामलों पर ध्यान देकर रहनेवाले कई बेटे-बेटियाँ हैं। माँ-बाप की सेवा-शुश्रूषा का दायित्व उनकी संतानों को ही निभाना है। आज यह कर्तव्य नीति कहाँ तक प्रासंगिक है। पुराने युग बोध के अनुसार क्या आज किसी को जिगरी दोस्त मिलेगा ? ईमानदारी में ढीलापन आ गया है। सिर्फ सोचने के लिए यह बात पेश कर रहा हूँ। मैंने

अपने दुःख, मोह भंग, कामनाएँ और पतन के बारे में लिखा है। अब भी बहुत सारी बातें लिखने को बाकी रह गई हैं। ये सिर्फ आज के युवकों के अनुभव की बातें नहीं हैं। मेरी पीढ़ी के भी ऐसे अनुभव थे, तीव्र अनुभव। पूर्ववर्ती पीढ़ी भी ऐसे अनुभवों से गुज़री होगी। मैं अपनी बात स्पष्ट करूँगा। ऐसे संदेह, दुःख और मजबूरी में पड़कर जूझते समय भी मेरे मन में जिजीविषा कायम थी। गाँव के एक अदद आदमी के तौर पर मेरी कामनाएँ सीमित थीं। बड़ा परिश्रम भी किया था। अपनी ताकत पर विश्वास भी था। यों एक औसत आदमी की हैसियत से जीने के लिए संघर्ष करने का मनोबल था।

तब मार्क्सवादी विचारधारा के प्रति लगाव था। उस विचारधारा को मानकर आगे बढ़ूँ तो मैं प्रतिष्ठित आदमी बनूँगा, इस कामना से उस विचारधारा को मैंने पसंद नहीं किया था। जीवन निरंतर संकीर्ण बन रहा था। इस विचारधारा को अपनाने से ही जीवन में उन्नति आएगी। ऐसा एक विश्वास तब मन में पैदा हो गया था। उस विचारधारा से प्रेरणा पाकर मैंने कई कहानियों तथा उपन्यासों की रचना की थी। कला की दृष्टि से वे कृतियाँ बहुत पीछे पड़ी हैं—यह आरोप ठीक नहीं है। मैं उससे साफ इन्कार करता हूँ। लोग जो कुछ भी कहें। अगले समय के भोजन के बारे में सोचनेवाला आदमी उस विचारधारा के वायदे के सामाजिक क्रम की ओर आकृष्ट होगा। आज कला की कसम खानेवाले पावन मंदिर में सिर्फ कला की उपासना करनेवाले आलोचकों के बारे में सोचते वक्त मुझे हँसी आती है। वे सब चार संख्यावाले वेतन भोगी हैं। अपने बचपन की बातें मुझे याद आती हैं। हममें से कई लेखक बचपन में ही अनाथ बन गए थे। आज के सुयोग्य युवा लेखक एम. ए., पी-एच.डी. जैसी ऊँची उपाधियाँ प्राप्त कर चुके हैं। हमारी सिद्धियों का वे हँसी-मज़ाक उड़ाएँगे। केशवदेव, बशीर और वोट्टेक्काट मेरे मित्र थे। हम ने कॉलेज का परिसर नहीं देखा था। हमारा एकमात्र शिक्षा क्षेत्र जीवन ही था। गरीबी, दुविधा और मनोदुःख यही हमारे प्रतिपादन के विषय थे। उसमें कई कमज़ोरियाँ आई होंगी। किंतु हमने कुछ कृतियाँ लिखीं। दुनिया के महान लोगों के दस्तावेजों से हमने उद्धरण नहीं लिए थे। हमने जीवन में आँखों देखी और अनुभव से सीखी बातों का वर्णन किया था। वह कच्चा जीवन था। सिर्फ अनुभव हमारा बल रहा है। इसमें कतई संदेह नहीं है।

ज्ञान के अवमूल्यन के लिए मैं यह बात नहीं कह रहा हूँ। आज के युवा समीक्षकों ने काफी ज्ञानार्जन किया है। उन्हें ज्ञानार्जन की सुविधाएँ मिली हैं। यह खुशी की बात भी है। उनसे एक निवेदन है। हर दिन पढ़कर प्राप्त होनेवाले ज्ञान के बल पर जीवन का फटाफट मूल्यांकन न करें। हम भी इस खतरे में पड़े थे। यों करनेवाले मूल्यांकन टिकाऊ नहीं बनेंगे। आज के युवा मित्रों की क्षमता में मुझे विश्वास है। किंतु कभी-कभी विचलित होनेवाले अनुभव भी हुए हैं।

यों कहते-कहते मैं रास्ते से हट गया। मैं अपनी बात कह रहा था। एक पात्र के रूप में मुझे अपने सामने खड़ा होना था। किंचित् समय तक मैं आचार्य बन गया। क्षमा करें।

मैं अकेला था। एक भी साथी नहीं था। किंतु कई लोगों के साथ संपर्क था। ऐसे माहौल में मैंने 'चेम्मीन' की रचना की थी। 'चेम्मीन' ने मेरे जीवन को बदल डाला था। 'चेम्मीन' के प्रकाशन के एक साल बाद एक घर बनाने का विचार आया। इसके पीछे मेरी पत्नी की मजबूरी भी थी। मेरे घर के सामने अंपलप्पुषा तिरुवल्ला सड़क है। सड़क के सामने एक नाला है। यह बहुत चौड़ा है। इस नाले से होकर घर बनाने की सामग्रियाँ लाई गई थीं। पत्थर, लकड़ी, बालू आदि चीज़ें उनमें शामिल थीं।

घर बनाने में दो साल लगे थे। साहित्यकारों के सहकारी संघ से रायल्टी मिल रही थी। उसके अनुसार घर बनाने की सामग्रियाँ खरीदता था। इसके बाद घर बनाने का काम शुरू हुआ। उस समय की सुविधाओं के अनुसार इस घर का निर्माण हुआ था। यह कई सालों तक रहने के लिए बड़े पैमाने पर बनाया घर नहीं है। पत्थर और चूने से बनाया घर है। छत लकड़ी से बनाई थी। यह एक सादा घर है। इसको एक मकान नहीं कह सकते। जिन लोगों ने यह घर देखा है वे आसानी से समझ सकेंगे। इसका प्लान (plan) आधुनिक नहीं है। तकषी गाँव के आदमी ने लेटने के लिए एक घर बनाया। इतनी-सी बात है। घर बड़ा और मज़बूत नहीं है। किंतु इससे एक उत्कंठा समाप्त हो गई। आज भी मकान निर्माण के दिनों के बारे में कभी-कभी सोचता हूँ। उस समय मिले चैन का आज भी एहसास होता है। यही मेरे जीवन की एक खास बात है। लगता है कि इस साधारण घर की ओर इशारा करते हुए मैं कह सकता हूँ कि मैंने एक खास काम किया है। यह शायद बेवकूफी हो सकती है। कोई इस प्रकार पूछ सकता है--अरे इसकी ओर संकेत करके दावा कर रहे हैं कि आपने एक महान् कार्य किया है। किंतु मेरी नज़र में यह एक बहुत बड़ा काम है। अभी हाल में किसी ने लिखा कि मैं बड़े लोगों के बड़े काम को देख नहीं सकता हूँ। उसका प्रसंग भी बताऊँगा। एक अच्छे दोस्त के जीवन के एक मुख्य समारोह में मैंने भाग नहीं लिया था। उसकी बात ठीक हो सकती है। मैं एक अदद इंसान हूँ !

प्रेम : तब और अब

'कयर' मेरी प्रमुख औपन्यासिक कृति है। इस कृति से जुड़ी कई स्मृतियाँ मेरे मन में ताजा रहती हैं। इसमें पाँच पीढ़ियों का इतिहास वर्णित है। सामाजिक जीवन में आए परिवर्तनों को भी मैंने इसमें दर्शाया है। बहुत डर से मैंने यह कृति लिखी थी। भिन्न-भिन्न पीढ़ियों की कथा को आधार बनाकर कैसे एक उपन्यास लिखूँगा ? अनुभव और अन्वेषण से प्राप्त ऐतिहासिक सत्यों क्रा पर्दाफाश कैसे करूँगा ? उसके क्या परिणाम निकलेंगे ? ऐसी आशंकाओं ने मुझे बहुत परेशान किया था। आशंका होने पर भी हौसले से मैंने लिखा। बचपन में मैंने रामायण और महाभारत की कथाएँ सुनी थीं। इन्हीं कथाओं ने मुझे धैर्य प्रदान किया था। महाभारत अनेक कथाओं का संकलन है न ? मेरा उपन्यास 'कयर' भी अनेक कथाओं का संकलन है। इस कथन की गलत व्याख्या न करें। इसका मकसद यह नहीं है कि मैं व्यास की टक्कर का आदमी हूँ। माँ की शपथ ! मैंने उस रूप में कदापि नहीं सोचा है। मुझे उस लायक शिक्षा भी नहीं मिली है। मुझे कॉलेज में जाकर पढ़ने का मौका नहीं मिला था।

जब मैं स्कूल में फाइनल का विद्यार्थी था, तब स्थिति आज के समान नहीं थी। एक परा (माप विशेष) धान का दाम सिर्फ पाँच चक्र (सिक्का विशेष) था। सौ नारियल का दाम आज का एक रुपए पच्चीस पैसे था। कॉलेज जाने के लिए महीने में पच्चीस रुपए का खर्च था। घर की उपजों का बहुत कम दाम मिलता था। पर्याप्त रकम कमाना मुश्किल था। अगर मैं भी कॉलेज जाता तो पंडित बनता। इसका अर्थ यह नहीं है कि मैंने कुछ नहीं पढ़ा या सीखा है। कई किताबें पढ़ी थीं किंतु उसका कुछ भी क्रम नहीं था। 'कयर' लिखने के लिए बहुत जानकारी प्राप्त करनी थी। उसके लिए किए अन्वेषण से मुझे कई बातें मालूम हो गईं। तिरुवितांकूट की पीढ़ियों की जानकारी तब मिली। मैं अंबलप्पुषा—गाँव की कचहरी में जा बैठा। प्राचीनकाल के दस्तावेज़ों को मैंने देख लिया। जमीन-जायदाद संबंधी नियमों के बारे में उधर से ही पक्की जानकारी मिली थी। हमें जो जानकारी मिली

है, मानव के सच्चे इतिहास से उसका कोई सरोकार नहीं है। वह राजाओं का इतिहास है। उस इतिहास को पढ़ें तो नायर घरानों में प्रचलित सारे तौर-तरीकों का पता न चलेगा। लड़की जब ऋतुमती होती थी तब शादी का सा उत्सव होता था। फिर वर-वधू के रूप में शादी भी है। उसका सही विवरण नहीं मिलेगा याने उस इतिहास में से मानव के जीवन की झलक तक नहीं मिलेगी।

मातृसत्तात्मक पारिवारिक क्रम के नाड़ा को देखकर मैं पला-बढ़ा था। मुट्ठझोरी घर के आँगन के आम के पेड़ के नीचे बैठकर पिताजी और उनके दोस्त बातें करते थे। प्राचीन पारिवारिक व्यवस्था का शैथिल्य उनका विचार-विषय था। वह मातृ सत्तात्मक पारिवारिक क्रम का अंतिम चरण था। यही मेरे बचपन का समय था। उस प्रथा के अनुसार पिताजी का घर के मामले में हर्गिज महत्त्व नहीं था। अरे जा, मैं तुझे नहीं चाहती हूँ, पत्नी यों कहकर चटाई और तकिया बाहर फेंक देती तो पति को उधर जाना पड़ता था। विवाहित न होकर एक प्रेरित बच्चे को जन्म देती है तो उस बच्चे को घराने में दूसरों के समान पूरा हक देना था। नायर (जाति विशेष) के लोग घर बनाते समय यह ध्यान रखते थे कि अगर नाजायज शादी करनेवाले ब्राह्मणों के लिए अलग मठ बनाए जाएं। उस शादी को 'संबंधम' कहते थे। राजाओं के इतिहास में ऐसा विवरण नहीं मिलता है।

दस ऋतुमती लड़कियाँ घर में हैं तो एक शादी का खर्च होगा। इलाके के सारे लोगों को निमंत्रित करके बड़े पैमाने पर मनाना होगा। एक नम्प्यातिरी को बुला कर सबके गले में मंगलसूत्र पहनाएँगे। विवाह बाद में कभी चलेगा। तब नया वस्त्र देना काफी था। इसको 'पुटवा' कहते हैं। पुटवा-दान आज भी शादी का एक रिवाज है किंतु आज का तरीका बदल गया है। आज उसके स्थान पर तीन या पाँच हजार की साड़ी दी जाती है। मेरी पोती की शादी के अवसर पर साढ़े तीर हजार रुपए की साड़ी खरीदी गई तो मैं अचंभे में पड़ गया।

उन दिनों में भी प्रेमकांड होते थे। वह हर युग में चलेगा किंतु वह आज के फिल्मी दृश्यों के समान नहीं था। बाग-बगीचों में घूम-फिरकर उन दिनों प्रेम-प्रलाप नहीं होते थे। समुद्र तट और म्यूज़ियम परिसर में चलते-दौड़ते प्रेम करने की प्रवृत्ति तब कायम नहीं थी। आज प्रेमिका प्रेमी का नाम पुकारती है। मेरी पीढ़ी की प्रेमिकाएँ प्रेमी को 'नाथ' पुकारती थीं। सुविधाजनक बाड़े के इस पार और उस पार खड़े होकर प्रेम करते थे। बचपन में मैंने वह दृश्य देखा था। किंतु मैं उससे अवगत नहीं था। लिखित इतिहासों में राजा और कुलीन औरत के प्रेम का वर्णन मिलेगा। भंगी और भंगिन प्रेम करें तो क्या होगा ? क्या उनके मन में भी भाव नहीं पनपते हैं ? बिलकुल हैं किंतु उनका प्रेम दरबार के अंतःपुर में नहीं था।

पुराने जमाने में एक लड़का और लड़की को बातें करते देखा तो उसमें कोई समस्या नहीं थी। कई गंधर्वों की कथाएँ मैंने सुनी हैं। मुझे लगा है कि गंधर्व की

बात प्रेम की भावना का प्रतीक है किंतु अद्‌भुत सिद्धियों की कथाएँ प्रेम-भावना का अतिक्रमण करती हैं। एक ब्राह्मण आकर एक कुलीन औरत से शादी करता है। उनके खाने के लिए पान रखा था किंतु उसमें सुपारी नहीं थी। 'कोई बात नहीं सब ठीक करा दूँगा' कहकर ब्राह्मण अंदर से बाहर आया। आँगन में सुपारी का छोटा पेड़ था। उससे सुपारी तोड़ ली। तभी उस स्त्री को पता चला कि वह एक गंधर्व था। इस प्रकार की कई कथाएँ हैं। गंधर्वों की पूजा करने वाले कई मंदिर आज भी हैं।

250 सालों का इतिहास मैंने 'कयर' में बताया है। जन्मगाँव कुट्टनाट को केंद्र में रखकर मैंने यह उपन्यास लिखा है। मलबार पर टीपू का आक्रमण हुआ था। उसका परोक्ष वर्णन किया है। मैं जानता हूँ कि कुट्टनाट पर इसका प्रभाव कैसे पड़ा था। उपन्यास में मैंने उसका भी उल्लेख किया है। भीषण आक्रमण को नज़रअंदाज करना ठीक नहीं है। इधर अंबलप्पुषा मंदिर में गुरुवायुरप्पन के लिए एक अलग कमरा है। उधर पूजा-पाठ हुआ करता है। टीपू के आक्रमण के दौरान गुरुवायुरप्पन को लाकर पूजा शुरू की थी। उसकी याद में यह पूजा आज भी जारी रहती है। वह महज कल्पना नहीं है। निष्ठुर आक्रमण की प्रतिच्छाया है।

बीते युग के बारे में कई बातें देखते, सुनते और पढ़ते मैंने जानकारी प्राप्त कर ली है। इन सबका वर्णन मैंने अपने ढंग से किया है। मेरी कृति किसी राजा का इतिहास नहीं है। वह बीते युग का इतिहास है। मेरे इलाके के महज कच्चे इंसानों का इतिहास है।

आजादी का अरुणोदय : जैसा मैंने देखा

सन् 1947 की अगस्त 14—उस दिन बहुत बारिश हुई थी। बहुत पहले से ही बादल छाये हुए थे। मुझे ठीक तरह याद है, वह जाग्रत रहने की एक रात्रि थी।

सूर्यास्त के बाद आधी रात होते ही ब्रिटिश साम्राज्य का यूनियन जैक दिल्ली के लाल किले से उतारा जाएगा और भारत का झंडा उधर फहराया जाएगा। एक नए युग की शुरुआत, एक नए जीवन की शुरुआत होनेवाली थी। इधर तकष़ी के इलाके में आसमान बादलों से आच्छादित था और मूसलाधार वर्षा हो रही थी।

उन दिनों तकष़ी में बिजली नहीं थी। अंबलप्पुषा की भी वही हालत थी। जहाँ तक मुझे याद है आलप्पुषा में भी बिजली नहीं आई थी। लेकिन आलप्पुषा में पेट्रोमेक्स सुलभ था, वहाँ दीपालंकार नहीं थे। उन दिनों समारोहों के विविध विधानों में दीपालंकार नहीं होते थे। सारे घरों के सामने सजावटें हुई थीं। अंबलप्पुषा और तकष़ी के बीच एक छोटा-सा पुल था। उधर की एकमात्र पगडंडी कीचड़ से भरी हुई थी। उस पुल के दोनों किनारों के घर सजे हुए थे। किंतु बारिश में भीगे उन घरों में संध्या के वक्त नारियल का तेल डाल कर सात बातियाँ रखकर दीपक जलाए गए थे। परंपरा के अनुसार खास दिनों में ही सात बत्तियों का दीपक जलाया जाता है। उन दिनों इस गाँव में रेडियो भी नहीं था। कई सालों के बाद ही बाहर से कोई तकष़ी में रेडियो लाया था।

दिल्ली जैसे भारत के मुख्य शहरों में संपन्न होनेवाले समारोहों की जानकारी लोगों को मिल चुकी थी। तकष़ी के लोग भी उसके बारे में जानते थे। इस जानकारी के तानेबानों से बुने समारोहों का रूप सारे लोगों के मन में अंकित है।

भारत छोड़ कर अँग्रेज जानेवाले हैं यह बात पक्की हो गई तो वामपंथी विचार के युवकों के मन में कुछ संदेह उत्पन्न होने लगे थे। उन लोगों ने अपनी बातें पहले ही व्यक्त की थीं। उनमें मैं भी शामिल था। कहा गया था कि अँग्रेज लोग तुरंत

जाएँगे, किंतु क्या वे अपनी पकड़ भी छोड़ कर चले जाएँगे। उनकी मौजूदगी क्या भविष्य में भी हमें महसूस होती रहेगी ? आजादी किसको मिलेगी ? क्या गरीब भारतीयों को मुक्ति मिलेगी ? इधर के मालिकों, राजाओं, जमींदारों और उद्योगपतियों को क्या ज्यादा सुविधाएँ मिल जाएँगी ? क्या वे भी आजाद हो जाएँगे ? क्या एक-दूसरे वेश में ब्रिटिश साम्राज्यवाद की मौजूदगी में महसूस होगी ? हमें राजनीतिक आजादी मिली है। यही दावा है तो मन में एक संदेह है—क्या शुद्ध राजनीतिक आजादी जैसी कोई चीज है ? क्या हम पृथक् खड़े हो कर अपना कार्य सँभाल सकेंगे ? उन दिनों ऐसे सैकड़ों प्रश्नों पर बहस होती थी।

मैं भी ऐसी बहसों में शरीक होता था। भारत पूर्णतः स्वतंत्र हो गया ऐसा कहने में कुछ संकोच हुआ था। यह आजादी नहीं है। ऐसा कहने में भी तकलीफ हुई। मैं एक दुविधा में पड़ गया था। जो भी हो अँग्रेजों के जाने का दिन एक खास दिन ही है। ऐसा लगा कि कोई भी भारतीय उस पल की अवहेलना नहीं कर सकेगा। यह खुशी मनाने का एक मुहूर्त है। इतिहास का सबसे बड़ा मुहूर्त।

संध्या के ढलने के बाद मैं और तीन-चार साथी तकष़ी के घर-घर गए। तब सात लौ वाले दीपक सभी घरों में दिखाई पड़े। कई स्थानों पर प्रवेश द्वार पर गाँधी जी का चित्र फूलमाला चढ़ाकर रखा गया था। चारों तरफ सजावट थी। तकष़ी का गाँव स्वतंत्रता मना रहा था। क्या स्वतंत्रता का मकसद जान कर ऐसा हो रहा था ? कुछ पता नहीं।

किसान-मजदूर उन दिनों संगठित हो रहे थे। वामपंथी राजनीति की जड़ें जमने लगी थीं। किसान-मजदूर वामपंथी नेताओं की बातों की परवाह कर रहे थे। उनके घरों में चंदोवे और सजावट का अभाव था। उनके पास दीपक भी नहीं था। लाल रंग का मिट्टी का तेल डाल कर ढिबरी मंद हो कर कई स्थानों पर जल रही थी। मिट्टी का तेल खरीदने के लिए गया आदमी वापस नहीं आया। इसी वजह से कुछ घरों में ढिबरियाँ नहीं जली थीं। क्या उन्होंने उस दिन का महत्त्व नहीं समझा था ? उन्हें उस दिन का महत्त्व मालूम भी था तो उस महत्त्व को नजरअंदाज क्यों किया ? कुछ पता नहीं।

तुरुंबिल कोच्चुकुंजु उन दिनों मेरे घर का नौकर था। उसके घर तीन ढिबरियाँ कायदे से रखी थीं। चार-पाँच रंगीन कागज धागे में पिरो कर सीधे बाँध रखे थे। वे भीग गए थे। पर तकष़ी गाँव नींद खो कर बैठा हुआ था। ठीक बारह बजते ही बंदूक और पटाखों की आवाज सुनाई पड़ी। फिर लगातार बंदूक की आवाजें शुरू हो गईं। तकष़ी गाँव उस दिन तनिक भी नहीं सोया। ढिबरियों का तेल खत्म हो रहा था। उसके पहले ही मजदूर लोग रात की कंजी पी कर झोंपड़ियों में जलते

पेट सो गए थे। वे सचमुच ही आजादी नहीं समझ पाए थे।

अब चालीस साल गुजर चुके हैं। आज तकषी अंबलप्पुषावाली एक सड़क से हो कर मोटर गाड़ियाँ तेज रफ्तार से चल रही हैं। सारे घरों में बिजली आ गई है। तकषी में एक टेलिफोन एक्सचेंज, एक सरकारी अस्पताल और दो गैर-सरकारी अस्पताल हैं। 1947 अगस्त की 14 तारीख को मैंने जिस स्थान पर कई झुग्गी-झोंपड़ियाँ देख ली थीं, उधर आज खपरैल के छोटे-छोटे घर हैं। वहाँ भी बिजली है। इन परिवर्तनों को मैंने अपने सामने होते देखा है। इनको नजरअंदाज करना ठीक नहीं है।

अब भी हमें बहुत कुछ पाना है। आज देश के हालात ये हैं कि लोग समझ नहीं सकते कि आजादी का मकसद क्या है ? जिन लोगों को ऐशोआराम, सुख-सुविधाएँ मिली हैं, सिर्फ वे ही आजादी को अपने ढंग से जी रहे हैं।

मुझे लगता है कि जीवन के सारे कार्यक्षेत्रों में आज एक राष्ट्रीय अनुशासन की जरूरत है। अपने जीवन को सही रास्ते पर लाने और अधिक कामयाबियाँ पाने के प्रयास में भी इस अनुशासन का अनुपालन करना है। मुझे कुछ ऐसा संदेह हो रहा है कि आजादी के बाद हासिल हुई तरक्की के दौरान हमारे नेतृत्व करनेवालों में अनुशासन की कमी आ गई है ?

विचारधारा की अपेक्षा जीवन महान्

आदरणीय सभापति महोदय, भारतीय ज्ञानपीठ के अध्यक्ष, प्रबंध न्यासी महोदय एवं अन्य न्यासीगण, चयन मंडल के अध्यक्ष एवं सदस्यगण, भाइयो और बहनो !

मैं आपको यह सूचना के रूप में बताना चाहूँगा कि मलयालम भाषा अतीत में दो अवसरों की भाँति इस वर्ष भी ज्ञानपीठ पुरस्कार प्राप्त करने का आनंदोत्सव मना रही है। हम इस उत्सव को केरल के प्रत्येक स्थान और कोने में ही नहीं मना रहे हैं, अपितु जहाँ कहीं भी मलयाली लोग रहते हैं, उन समस्त स्थानों पर यह आनंद मनाया जा रहा है। मैं इस महान् पुरस्कार के प्राप्तकर्ता के रूप में मात्र इसका प्रतिनिधित्व कर रहा हूँ।

मलयालम साहित्य भारतीय ज्ञानपीठ के प्रति कृतज्ञ है। मलयालम को दिए गए इस महान् सम्मान के लिए मैं ज्ञानपीठ न्यास एवं चयन मंडल के सदस्यों का व्यक्तिगत रूप से आभार व्यक्त करता हूँ। भारतीय ज्ञानपीठ ने भारतीय भाषाओं को परस्पर निकट लाने में दिशानिर्देश का कार्य किया है और मैं भारतीय साहित्यिक बिरादरी की ओर से यह कहना चाहूँगा कि इसकी व्यापक रूप से प्रशंसा हो रही है। अतः इस अवसर पर महान् संस्था भारतीय ज्ञानपीठ के संस्थापक साहू शांति प्रसाद जैन और इसकी प्रथम अध्यक्षा श्रीमती रमा जैन, जो वास्तव में इस प्रतिष्ठित पुरस्कार की जन्मदात्री थीं, की स्मृति को श्रद्धांजलि अर्पित करना ही समीचीन होगा।

मैं श्री ऑक्टोवियो पाज़ के प्रति विशेष रूप से कृतज्ञ हूँ जिन्होंने आज की शाम यहाँ उपस्थित रहने की कृपा की। वह अंतर्राष्ट्रीय ख्याति के कवि एवं लेखक हैं। अपनी लेखक बिरादरी के इतने प्रख्यात व्यक्ति के हाथों से इस पुरस्कार को प्राप्त करना मेरे लिए अत्यंत गौरव का विषय है।

मैं किसी भाषा का विद्वान नहीं हूँ, न ही किसी विषय विशेष का ज्ञाता हूँ। मैं मात्र एक ग्रामीण हूँ जिसका पालन-पोषण केरल के कुट्टनाड क्षेत्र के एक दूरस्थ ग्राम में हुआ। यह ग्राम मात्र 25 वर्ष पूर्व गाड़ी चलने योग्य सड़क द्वारा सुगम बन सका है। मैं अनुभव करता हूँ कि मैं कला, साहित्य, काव्यात्मक अनुभूतियाँ

तथा इस प्रकार के अन्य महान् विषयों के संबंध में बात न करूँ। यदि मैं अपने साहित्यिक क्रियाकलापों के पचपन वर्ष के अनुभवों तक ही इस व्याख्यान को सीमित रखूँ तो आप मुझे क्षमा कीजिएगा। मैं अपने जीवन को मात्र साहित्यिक क्रियाकलापों का जीवन ही कह सकूँ इसमें मुझे संदेह है। परंपरा से मैं एक कृषक हूँ। यहाँ तक कि मैं अबी भी एक कृषक हूँ। यदि आप मेरे पैरों की ओर देखें तो आप उन पर मिट्टी के ऐसे दाग पाएँगे जिन्हें साफ नहीं किया जा सकता। कुछ समय के लिए मैंने मुफ़स्सल वकील के रूप में भी कार्य किया है।

हमारे प्रदेश में हिन्दू परिवारों में कांजि के भोजन के बाद रामायण, महाभारत अथवा इसी प्रकार के किसी महाकाव्य के पाठ की परंपरा रही है। धनी परिवारों में इस कार्य के लिए कुछ विद्वानों को भी रख लिया जाता है। हमारे परिवार में यह कार्य मेरे पिताजी करते थे। हम, हमारे परिवार के सदस्य तथा कुछ पड़ोसी उनके पाठ को सुनने के लिए एकत्र हो जाया करते थे। मुझे याद है कि बचपन में मैं अपने पिता को प्रतिदिन महाभारत का पाठ करते समय ध्यानपूर्वक सुना करता था। एक अथवा दो बार नहीं, अपितु इससे भी ज्यादा बार मैंने सम्पूर्ण महाभारत का पाठ सुना था। दैविक निष्ठा से प्रेरित उनका स्पष्ट स्वर आज तक मेरे कानों में गूँजता रहता है। यह स्वर आसपास फैले धान के विशाल खेतों में बिखर जाया करता था। महाभारत में आने वाली समस्त कहानियों को मैं सुना सकता था। शायद यह मेरे लिए कथाकार बनने की एक प्रेरक शक्ति थी।

आप जानते हैं, 'महाभारत' में हज़ारों कहानियाँ आई हैं जिनमें सृष्टि के आरंभ अथवा उससे भी पहले के युग की कहानियाँ कही गई हैं और जो 'द्वापर युग' की समाप्ति पर भी समाप्त नहीं हुई हैं तथा 'न आदि न अंत' की मान्यता को व्यंजित करती हैं। प्रत्येक कहानी का अपना महत्त्व भी है। इन कहानियों को उत्सुकतापूर्वक सुनने वाले बच्चे को प्रेरणा मिलना अवश्यंभावी है।

मेरे गाँव के परिवेश तथा पड़ोसी गाँवों के जीवन ने मेरें भीतर प्रतिक्रिया उत्पन्न की तथा मैंने अपने ही ढंग से जीवन की पुनर्सृष्टि करने का प्रयत्न किया। मैंने आपको प्रारंभ में ही बताया था कि मैं किसी भी भाषा का, यहाँ तक कि अपनी मातृभाषा मलयालम् का भी, विद्वान नहीं हूँ। शायद मैं अपनी व्यापार संबंधी गोपनीयताओं का उद्घाटन कर रहा हूँ। मैं समझता हूँ कि मैं इस समय और इस स्थान पर यह सब बहुत सीधे-सादे रूप में कर सकता हूँ। मेरी आयु 73 वर्ष है, अतः यह सब बताने में अब बहुत अधिक हानि नहीं है। इसके लिए यह स्थान भी उपयुक्ततम होगा, क्योंकि यहाँ मैं भारत का सर्वोच्च साहित्यिक पुरस्कार प्राप्त कर रहा हूँ।

मेरी अभिव्यक्ति का माध्यम ग्रामीणों की भाषा रही है। व्याकरण की जटिलताओं में उलझे बगैर मैंने सरल वाक्यों का प्रयोग किया। गाँव का आदमी अपने विचारों

में स्पष्ट था और मैं भी उसके विषय में स्पष्ट था। यदि वह भटकता तो स्वाभाविक रूप से मैं भी भटक गया होता, लेकिन मेरे मामले में एक स्पष्ट अंतर यह था कि मैं सृजन करना चाहता था। प्रत्येक ऐसी रचना के लिए एक समर्पण प्रक्रिया, जिसकी मुझे पर्याप्त रूप से पुनर्सृष्टि करनी होती थी।

मैं जीवन और मनुष्य से प्रेम करता हूँ। यह सामान्य है। यह अस्पृश्यों, दलितों, अभागों तथा निम्न वर्गों का जीवन था जिसने मुझे लेखन के प्रारंभिक वर्षों में प्रभावित किया। यह प्रतिक्रिया अत्यंत गहरी थी। मुझमें आक्रोश था। मुझे अपने साहित्यिक जीवन के उस समय की याद है जब मैं समझता था कि भिखारी, कोढ़ी और इसी प्रकार के अन्य अभागे लोग हैं, जिन्हें परिवर्तन के लिए उस समय व्याप्त सामाजिक प्रणालियों के विरुद्ध क्रांति का नेतृत्व करना है। उस समय मैं किशोर था। मेरा उस समय का लेखन अभी भी बाज़ार में उपलब्ध है। बाद में मुझे समसामयिक इतिहास से ज्ञात हुआ कि क्रांति का नेतृत्व शोषित कामगार वर्गों को करना था। यदि मैं यह दावा करूँ कि उपन्यास में कृषि के मोर्चे पर वर्ग-संघर्ष के सिद्धांत को प्रतिपादित करने वाला मैं भारत में प्रथम लेखक था, तो आप मुझे क्षमा करेंगे।

जीवन विचारधारा की अपेक्षा कहीं बड़ा और महान् है। विचारधारा जीवन के लिए है और इसके अलावा दूसरा कोई मार्ग नहीं है। प्रायः कई बार मुझे राजनैतिक दलों के दिन-प्रतिदिन के कार्यक्रमों के साथ भिड़ंत करनी पड़ती है। मैंने जीवन और ग्रामीणजनों को प्रेम किया है। तथा आम आदमी मुझे सदा ही प्रिय रहा है। मेरा विचार है कि भारतीय ग्रामीण को विशिष्ट लाभ प्राप्त हुआ है। उसे अतीत से सीधे ही अत्यंत समृद्ध विरासत मिली है। निःसंदेह, समग्र इतिहास के दौरान बाह्य प्रभावों की भी कमी नहीं रही है। वह श्रेष्ठतम को सरलता से आत्मसात् कर सकता था और अवांछित को त्याग सकता था। यह कार्यशक्ति भी उसकी विरासत का एक अंग रही है।

मैं इस ग्रामीण जन के साथ रहा हूँ। यह अनावश्यक पुनरावृत्ति जैसा लग सकता है, मगर मैं इसे एक अन्य कारण से दोहरा रहा हूँ। हाल ही में ज्ञानपीठ पुरस्कार की घोषणा होने के बाद, मैंने अपने साहित्यिक जीवन का समीक्षात्मक सर्वेक्षण करने हेतु अपने अतीत की ओर देखा। यह चित्र एकरस अथवा निरानंद नहीं था। संतोषजनक रूप से मैंने पाया कि इस सम्पूर्ण अवधि में मैं ग्रामीणजन, आम आदमी तथा शोषित कामगार के साथ रहा हूँ। मैं उनके सुख एवं दुख में भागीदार रहा हूँ। मैंने उनकी आशाओं को दुलारा है एवं उनकी चिंताओं में हिस्सेदारी की है। जब कभी मैंने उन्हें चिंतित पाया, मैं चिंतित हुआ। संकट की घड़ी में उत्कर्ष के शिखर पर चढ़ने के लिए मैं उनके साथ था। मैं उनके साथ आनंदित हुआ और चीखा भी, मैं विषादग्रस्त एवं उदास था मगर मैंने कभी उनका साथ नहीं छोड़ा। ऐसे अवसर आए हैं जब मैंने भी उन्हीं के समान उपहासात्मक व्यवहार किया

है। मैं उनका मित्र था और कभी भी उनका शत्रु नहीं बना। कभी-कभी जब मैं नाराज हुआ मैंने उन्हें मुँह चिढ़ाया उन्होंने भी जैसे को तैसा जवाब दिया।

चूँकि मैंने अपने व्यावसायिक भेदों को सार्वजनिक रूप से व्यक्त कर दिया है, मैं वह सुराग भी देना चाहूँगा जिससे मेरे साहित्यिक योगदान का मूल्यांकन करने में सहायता मिल सके। मैंने किसी करोड़पति के भव्य भवन, किसी बड़े व्यवसायी की बैठक, किसी महान् उद्योगपति के बंगले अथवा किसी राजकीय प्रासाद का चित्रण नहीं किया है। एक ग्रामीण इन निर्मितियों पर मात्र आश्चर्य एवं विस्मय से टकटकी लगाकर देख भर सकता था। वहाँ जो लोग रहते हैं, वे किस प्रकार के होंगे ? यदि उसे भीतर ले जाया जाए तो वह चिकने-साफ फर्श पर अथवा उस पर बिछे कीमती कालीनों पर चलने में संकोच अनुभव करेगा, क्योंकि उसके नंगे पैर मिट्टी और कीचड़ में सने हैं। उसे भय होगा कि वह कहीं फिसलकर गिर न जाए। वह भोजन की मेज पर गुमसुम हो जाएगा तथा स्वयं को दयनीय अनुभव करेगा।

ये समस्त पक्ष साधारणतः इस अभिप्राय को स्पष्ट करते हैं कि ये भवन और बंगले तथा प्रासाद जीवन के अभिन्न अंग हैं, ये उपलब्धियाँ हैं। मैंने उन्हें अपने लेखन में छोड़ दिया है। वहाँ मनुष्य रहते हैं। उनकी भी अपनी आशाएँ, निराशाएँ, व्यथाएँ, चिन्ताएँ, हर्ष तथा नियति की तरंगें हैं, जिन पर उन्हें पार पाना होता है। इन दीवारों के भीतर शोक एवं कष्ट, ठहाके एवं अभिशाप हैं। कतिपय आक्रोशी क्रांतिकारी चीखकर यह कह सकते हैं कि क्रूर शोषण की अभिशप्त योजनाएँ इस भवन की चारदीवारी के भीतर ही तैयार की जा रही हैं लेकिन वहाँ रहने वाले भी मनुष्य ही हैं।

शोषण को बेनकाब करने के लिए पृष्ठभूमि के रूप में इस भिन्न संसार के जीवन के बारे में कुछ-न-कुछ जानकारी आवश्यक है। मैं इस जीवन से परिचित नहीं रहा हूँ। यद्यपि मैंने इस जीवन को कई अवसरों पर एक सम्मानित अतिथि के रूप में देखा है। एक कलाकार के रूप में मुझमें इस जीवन के परिचय का अभाव है, यह एक कमी है।

अंत में, भारतीय कथा-लेखकों के लिए मैं एक सुझाव देना चाहूँगा। आधुनिक छोटी कहानी तथा उपन्यास पश्चिम के उत्पाद हैं। पश्चिम में छोटी कहानी तथा उपन्यास वहाँ के जीवन से विकसित हुए हैं। हम लोग उनसे भिन्न हैं तथा अतीत में कहानी कहने की हमारी स्वयं की अपनी तकनीक रही है। यह पद्य में थी। उदाहरण हैं—'रामायण', 'महाभारत' तथा अन्य महाकाव्य। हम अपना ही कोई रूप विकसित करने का प्रयत्न क्यों नहीं करते ? मैंने अपने नवीनतम उपन्यास 'कॅयर' में ऐसा करने का विनम्र प्रयास किया है। इस उपन्यास में पिछले 250 वर्षों के दौरान केरल के जीवन को उसकी समस्त अवस्थाओं के साथ विकसित किया गया

है। इस कथावस्तु को किसी पश्चिमी रूप में समोया ही नहीं जा सकता था। शायद इस उपन्यास की 'नायिका' मनुष्य की भूमि के प्रति भूख है और इसका 'नायक' है समाज। मैंने इसे लिखना प्रारंभ किया और पाया कि अंत में 'महाभारत' का प्रभाव मेरे बचाव के काम आया। उसके पात्र अतिमानव नहीं हैं। वे हमारे महान् पूर्वज हैं, जिन्होंने जीवन जिया, संघर्ष किया और मर गए। यह मानव की कथा है। मैंने इस समय का चित्रण आठ पीढ़ियों के माध्यम से किया है।

पश्चिमी प्रभाव अत्यधिक प्रबल था। मुझे संदेह हुआ कि व्यास जैसा विश्व का महान् आचार्य कथाकार भी मेरे द्वारा अपनाए गए मार्ग पर चलकर सफल हो सकता था। यदि आप यह मानें कि मेरा सुझाव मनन योग्य नहीं है, तो कृपया इसे यहीं और अभी भूल जाइए।

कोई ग्रामीण कभी-कभी विदूषक के रूप में उपस्थित हो सकता है, वह मूर्ख दिखाई दे सकता है, वह आकर्षक लग सकता है। मगर उसकी निष्ठा पर किसी प्रकार का प्रश्नचिह्न नहीं लगाया जा सकता है।

यहाँ आपके सामने ऐसा ही एक ग्रमीण खड़ा है।...आपका बहुत-बहुत धन्यवाद।

[14.11.85 को ओक्टोविया पाज़ से ज्ञानपीठ पुरस्कार ग्रहण करने के बाद दिया गया भाषण। स्थान–एशियाड सेंटर एशियाई खेल गाँव सीरी फोर्ट नई दिल्ली.]

जीवन से मैंने क्या सीखा ?

केरल के कुट्टनाड इलाके के दूर दराज के एक गाँव मेरा जन्म हुआ था। कुट्टनाड प्रदेश की कई समस्याएँ थीं। उन समस्याओं को बचपन में मैंने सह लिया था। तकलीफों को ढोने वाले इधर का जीवन ही मेरी विरासत थी।

एक मध्यवर्ती कृषक परिवार में मेरा जन्म हुआ था। वह मातृसत्तात्मक परिवारिक प्रथा के पतन का समय था। मेरे पिताजी ऐसे एक परिवार के सदस्य थे। माँ अक्सर शिकायत करती थीं कि पिताजी को अपने परिवार के प्रति अधिक लगाव था। सुबह उठने के बाद भूख प्यास मिटाने के लिए कुछ न मिलता था। उन दिनों परिवार की वही हालत थी। सुना है कि चारे के ढेर पर मेरा जन्म हुआ था। गर्भिणी माँ धान की बालियाँ निकाल रही थीं। तभी उन्हें प्रसव वेदना हुई थी। पौ फटने का समय था। माँ झोंपड़ी की ओर आ रही थी। उधर पहुँचते ही उनका प्रसव हुआ था।

वही बच्चा तकषी शिवशंकर पिल्लै है। पिताजी के खेत की फसल काटने के लिए माँ गई थीं। ज़मींदार की पत्नी की हैसियत से उधर जाकर ज्यादा धान लाने की लालसा से नहीं गई थीं। रिवाज़ के अनुसार वाले धान लेने के लिए वे गई थीं। फसल काटने वाली अन्य औरतों के समान मेरी माँ भी उस काम में कुशल थीं। पीठ पर हसिया रखकर वे भी खेत में काम करती थीं।

प्रश्न और प्रसव वेदना से जुटे उस जीवन की भी एंक खासियत थी। मैं एक दृष्य को याद कर रहा हूँ। पिताजी अपने घर से रात का खाना खाकर आते थे। नारियल के सूखे पत्ते से बनाई मशाल लेकर वे उधर से लौटते थे। मैंने वह दृश्य देखा था। पितृवात्सलय मिलने का वह अंतराल था। पिताजी मुझे उठाकर गालों पर चुंबन देते थे। उनका रामायणपारायण मुझे इससे भी ज्यादा सुखद अनुभव लगा था। मैं उनके पारायण को ध्यान से सुनता था। कुछ भागों का अर्थ समझ न सका था। उन भागों को स्पष्ट करने के लिए मैं पिताजी को मजबूर करता था। यों मेरे मन में साहित्य के प्रति लगाव पैदा हो गया था।

एक विषय के तौर पर मैंने साहित्य का अध्ययन नहीं किया था। हाँ मुझे उसमें रुचि थी। इससे बढ़कर कुछ भी नहीं था। किलिप्पाट्टु, काकली और केका जैसी छंद शैली से मैं परिचित था। मैंने भी छंद की पाबंदियों का पालन करके कुछ कविताएँ लिखने का प्रयास तब किया था। किंतु बाद में पता चला कि उस जमाने के अनुरूप मन की बातों को अभिव्यक्त करने की सही विधा कहानी ही होगी। यों मैंने उस मार्ग को अपनाया। तब तक कुछ साहित्यकारों से मेरा रिश्ता भी बन चुका था।

उन दिनों तिरुवनन्तपुरम से 'प्रबोधकन' नामक एक साहित्यिक पत्रिका निकलती थी। के. बालकृष्ण पिल्लै इस पत्रिका के संपादक थे। *तकष़ी गाँव के चार-पाँच युवक इस पत्रिका के ग्राहक थे।*

तकष़ी देवस्व विभाग के अधीन एक छोटा घर था। पानी सुखाने का चक्र इधर रखा था। यहीं गाँव का पुस्तकालय चालू था। उधर एक पाठक के रूप में मैं भी पहुँच गया। किसी कानूनी अड़चन के कारण पत्रिका बंद हो गई। अगले हफ्ते में 'केसरी' नाम से पत्रिका प्रत्यक्ष हो गई। हम लोग समझ सके थे कि कि सरकार और 'केसरी' के बीच काफी मतभेद थे।

इस युग की और एक खूबी थी। करुवाट्टा हाईस्कूल से स्कूल फैनल की परीक्षा पास कर मैं योंही घर बैठा था। पिताजी में मुझे कॉलेज भेजकर पढ़ाने की आर्थिक क्षमता नहीं थी। पिताजी के घरवालों को उसमें रुचि भी नहीं थी। इस अवसर पर अप्रत्याशित रूप से पिताजी को दो सौ रुपए मिले। उधर एक बिक्री हुई थी।

पिताजी ने निर्णय लिया कि बेटे को वकील परीक्षा के कोर्स में दाखिल कराना है। फिर मैं तिरुवनन्तपुरम मैं प्लीडरशिप (Pleadership) कोर्स का छात्र बन गया। 'प्रबोधकेन' 'केसरी' और तिरुवनन्तपुरम के केसरी मंडल की गतिविधियों ने तकष़ी शिवशंकर पिल्लै के व्यक्तित्व को रूप दिया था। ऐसा कहने में तनिक भी संदेह नहीं।

हॉवलॉक इल्लिस के Psychology of sex, फ्रायड के Psycho Analysis, डारविन के Theory of Evolution आदि सिद्धांतों का वेदवाक्य के समान मैंने अध्ययन किया।

रामायण, महाभारत और भागवत से मैंने कई बातें सीख ली थीं। योरोप के मनीषियों के सिद्धांतों का अध्ययन करने पर मुझे लगा कि बारीक सत्य पुराणों की तुलना में इन विज्ञान ग्रन्थों में भरा पड़ा है। केसरी मंडल के सदस्यों में के. ए. दामोदर मेनन, के.पी. शंकर मेनन, पी. श्रीधर पिल्लै, और डॉ. भास्करन नायर शामिल थे। इन विद्वानों ने मेरे निष्कर्षों का बहुत मज़ाक उड़ाया था। उस युग में मार्क्स की कृति 'पूँजी' (Capital) भी मेरे लिए एक प्रमाण ग्रंथ था। केसरी ने

इन सारी कृतियों को पढ़ने का सुझाव दिया था। उनका दास बनने का सुझाव उन्होंने नहीं दिया था।

उस समय की मेरी तमाम कहानियाँ अश्लील थीं। कई कहानियाँ मैंने प्रकाशित नहीं की थीं। अब भी मेरी कई अप्रकाशित कहानियाँ हैं। वे सब गंदी कहानियाँ हैं। 'पूँजी' को आधार बनाकर भी एक कहानी लिखी थी। किंतु उसमें कहानी तत्व का अभाव था। फिर 'पूँजी' ही है। इन सबको समझने के लिए आगे भी जीना पड़ा। सोचना पड़ा। जीवन को सीखना पड़ा। जीवन को सीखना अनिवार्य हो गया तो आलोचना पर भी ध्यान देने लगा। फ्रायड और मार्क्स के सिद्धांत की जानकारी फालतू नहीं थी। कदाचित् मेरी रचनाओं के लिए वे परिप्रेक्ष्य बन गए होंगे।

धर्मपत्नी की यादें

(तकषी की मृत्यु के एक महीना बाद उनकी पत्नी ने यह टिप्पणी लिखी।
'इंडियन एक्सप्रेस' में लीला मेनन से हुई भेंटवार्ता का अंश)

मेरे जीवन में अब सिर्फ दुःख ही दुःख है। 65 साल की स्मृतियाँ हैं। शादी के अवसर पर मैं सोलह साल की लड़की थी। वे इक्कीस वर्षीय युवक थे। मैंने उनकी पूरी माँगों पर ध्यान दिया। अन्तिम क्षण तक मैं उनकी सेवा टहल करती रही। वे मुझे कात्ता पुकारते थे। आप सब लोगों ने सुना होगा। वे मुझे बार-बार कात्ता या कात्ताम्मा पुकारते थे। अन्तिम दिनों में वे सिर्फ अम्मां पुकारते थे।

घर का पूरा काम मैंने खुद किया था। उनके बीमार होने के बाद बच्चे अक्सर आते थे। किंतु उनकी पूरी सेवा मैंने ही की थी। आज मुझे करने के लिए कुछ भी नहीं रह गया है। आज मैं अकेली पड़ी हूँ। खोयी हुई स्थिति में हूँ। मैं अशांत और दुःखी हूँ। घर सूना पडा है। उधर खामोशी और अँधेरा है। लगता है कि इधर कहीं भी रोशनी नहीं है। लगातार सुनाई पड़ने वाली 'कात्ता कात्ता' वाली पुकार भी नहीं है। यह फोन भी खामोश है। उनके ज़िंदा रहते समय कई लोग इधर आते थे। अब वह भी बंद हो गया है।

सुबह साढ़े पाँच बजे वे जागते थे। मैं उनको चाय देती थी। चाय पीने के बाद वे तुलसी के कुल पत्ते तोड़कर खाते थे। इसके बाद सात बजे वे और एक चाय पीते थे। इसके भी कुछ समय बाद वे नाश्ता करते थे। हर बात में वे समय के साथ पाबंद थे। किंतु भोजन की सामग्रियों के मामले में ऐसी कोई सख्त पाबंदी नहीं थी। दोपहर को वे नहाते थे। उसके बाद ठीक 12 बजे खाना खाते थे। नदी से मिलती 'वरल' नामक मछली उन्हें ज्यादा पसंद थी।

उन्होंने घर के बाहर के काम के लिए एक आदमी को रखा था। किंतु खाना पकाने के लिए कोई नहीं था। वह काम मैं ही करती थी। मैं मछली पकाकर फ्रिज में रखती थी। फिर गरम करके उनको देती थी। खाने के मामले में कभी कोई शिकायत नहीं की थी।

अब खाने पीने में मुझे हर्गिज दिलचस्पी नहीं है। आज सुबह मैंने सिर्फ

एक चाय पी है। मैंने कुछ नहीं पकाया है। चार बजे के बाद भात गरम करके खाऊँगी। रात को मैं कुछ नहीं खाऊँगी। अब यही मेरी दिनचर्या है। नहाने में भी मन नहीं लगता है।

मेरे पैरों में दर्द है। यह वातरोग है। मुझे अपने बारे में सोचने के लिए अब तक समय नहीं मिला है। आयुर्वेद की दवा मिलती है। किंतु दवा पीने के लिए समय नहीं है। मेरा लड़का बालकृष्णन आलप्पुषा में डी.एम. ओ. है। वह दवा लाता है। पैर-दर्द को शांति मिलने के लिए मैं वह दवा निगल लेती हूँ। अब मैं बहुत थक गई हूँ। अधिक समय लेटी रहती हूँ।

समय काटने के लिए मैं अक्सर आराम कुर्सी पर बैठती हूँ। उधर बैठकर घर आने वाले लोगों को देखती हूँ। पड़ोस के लोग मुझे बुलाने आते हैं। अकेले बैठने की स्थिति न आने के लिए वे ध्यान देते हैं। बहुत अच्छे लोग हैं। मेरे बारे में वे अक्सर सोचते हैं। रिश्तेदारों के अभाव की स्थिति न महसूस होने के लिए वे साथ बैठते हैं। असल में मेरे कम ही रिश्तेदार हैं। टी.वी. के कार्यक्रम देखने में मुझे तनिक भी दिलचस्पी नहीं है।

अब भी मुझे लग रहा है कि वे मुझे बुला रहे हैं। कात्ता, कात्ता वाली पुकार सुनाई पड़ती हैं। रात बिताना बहुत मुश्किल लगता है। अगर नींद आती है तो थोड़ी देर बाद जाग उठती हूँ। फिर उनके बारे में सोचकर काफी देर तक बैठी रह जाती हूँ। उनके साथ बिताए दिनों की याद आती है। वे मेरा दायाँ हाथ थे। मेरा दायाँ हाथ नष्ट हो गया है। मैं अब अपनी मृत्यु के इन्तज़ार में बैठी हूँ। मैं अब बुढ़िया हूँ। 82 साल की हो गई न ! मैं गिन गिन कर दिन बिता रही हूँ। वे कभी भी मेरे स्वप्न में नहीं आते हैं। उनके जीवन काल में मैं उनकी स्थायी साथी थी।

कात्ता, कात्ता पुकार कर वे मुझसे पूरे वाक्य बोलते थे। क्यों वे मेरे स्वप्न में नहीं आते हैं। क्यों वे मेरे स्वप्न में नहीं आते ? यही मैं सोचती हूँ।

‘चेम्मीन’ का रचना संदर्भ

कई बार मैंने अपना निर्णय टाला। यों कई साल गुज़र गए। एक दृष्टि से इस का अच्छा परिणाम भी निकला। तब मन में भाव पक रहा था। अब लग रहा है कि निर्णय और भी कुछ समय तक टल जाता तो मन में भाव ज्यादा पक जाता।

कुछ सालों से मैं गाँव में मारा मारा फिरके धमकी के स्वर में गाँववालों से कह रहा था–“मैं ‘चम्मीन’ नामक एक उपन्यास लिखने जा रहा हूँ।” इसमें मछुआरों-मज़दूरों के संगठन के बारे में प्रतिपादन आएगा। वर्ग संघर्ष की चेतना को बढ़ावा मिलेगा। मेरे कई दोस्तों ने प्रस्तावित उपन्यास के बारे में यों सोचा था। उनमें समीक्षक और मेरे लिए बड़े भाई तुल्य जोसफ मुटंश्शेटी भी शामिल थे। मेरे तब तक के साहित्यिक जीवन की खूबियों से परिचित लोग ऐसा ही सोच सकते थे। भले ही मेरी तमाम पूर्ववर्ती कृतियाँ मज़दूरों की वर्ग चेतना और संगठन पर केंद्रित नहीं थीं फिर भी उनकी अंतर्धारा ऐसी ही थी। मेरे दिली दोस्तों को भी मेरी मनस्थिति की ठीक जानकारी नहीं मिली थी। भौतिक परिस्थितियों से भी वे कदाचित् अवगत नहीं थे।

उन दिनों प्रगतिवादी साहित्य की चर्चाएँ जारों से चल रही थीं। ‘रूपभद्रता’ का तर्क प्रबल बन गया था। तब प्रगतिवादी साहित्य के सामने कुछ अड़चनें भी आई थीं। केशवदेव और मेरी कृतियों की खिल्ली उड़ाना उस समय की प्रवृत्ति थी। हम कुछ भी बता न सकते थे। पुतुप्पल्ली गाँव के घर में केशवदेव को आराम से सोने भी न देते थे। ज़मीन जायदाद के एक झगड़े में पड़कर अनमने केशवदेव कांग्रेस के सदस्य बन गए। तब उनकी परेशानियाँ बढ़ गईं। देव भी जिद्दी आदमी थे। वे पुतुप्पल्ली में ज़मीन के मालिक बन गए तो उधर के लोग इसको बर्दाश्त न कर सके। यही देव की राय थी।

पुतुप्पल्ली गाँव में रहकर देव को कई कटु अनुभवों का शिकार बनना पड़ा। तकषी गाँव में मेरी स्थिति उतनी तीखी नहीं थी। उधर के लोगों ने मेरी निंदा नहीं की थी। मेरे खिलाफ हुए स्टडी क्लास से खास फायदा नहीं हुआ था। आज उस

समय की बातों की याद करते समय हँसी आएगी। उस समय के तर्क-वितर्कों की गति ही कुछ अलग थी। जो भी हो, कुछ लोग मेरी खिल्ली उठाते थे।

कुल मिलाकर उन दिनों का साहित्यिक माहौल बहुत गड़बड़ था। तब भी मैंने लिखा था। लिखना अनिवार्य था। के. बालकृष्णन के संपादकत्व में निकली 'कौमुदी' पत्रिका में मैंने ढोल बजाने के बारे में एक कहानी लिखी थी। उन दिनों का साहित्य सृजन ढोल बजाने के समान था। वह दूसरों को परेशान करने का काम था।

तकष़ी गाँव उन दिनों की तुलना में आज काफी बदल गया है। मेरे घर के सामने से होकर तिरुवल्ला-अपलप्पुषा सड़क जाती है। यह एक मुख्य सड़क है। हमेशा तेज़ रफ्तार से कार-बस आदि जाती हैं। इस सड़क के स्थान पर पहले एक नाला था।

मेरे पास तब दो नावें थीं। उन नावों को इधर बाँधता था। मेरे घर बनाते समय इसी नाव में पत्थर, गारा, लकड़ी आदि सामग्रियों लाई गई थीं। घर के आज के गेट के स्थान पर पहले एक घाट था। उन दिनों मैं उधर डूबकर नहाता था। तब मेरी जमीन की एक सुविधा थी। वह नाले के नज़दीक थी। घर अट्ठाइस सेंट की ज़मीन में बना था। उसमें दो कमरे थे। बगल में एक छोटा कमरा भी था। नारियल के पेड़ और बाँस से खंभे और छत बनाए गये थे। ऊपर का भाग नारियल के पत्तों से ढका था। मेरा परिवार उधर रहता था। मैं, पत्नी कात्ता और बच्चे इतने ही सदस्य थे। मेरे और कात्ता के मन में एक प्रबल इच्छा थी। हम दिन रात यही सोचते थे—इधर एक अच्छा घर बनाना है। आठ उपन्यास और कई कहानियाँ छपने पर भी हम एक अच्छा घर नहीं बना सके थे। उनमें से कुछ उपन्यास लोकप्रिय बन गए थे। तब दो प्रेरणाएँ मन में प्रबल बनी थीं। चारों के ढोल बजाने की प्रवृत्ति को एक प्रत्युत्तर देना है। लकड़ी और खपरैल से बना एक घर। उसमें हवा और रोशनी का संचार सुगम हो जाए। नौ साल की आयु में ही सागर तट से मेरा लगाव शुरू हुआ था। सागर माँ को सारे भावों में देखने का अनुभव है। सागर माँ और झींगा मछली की भरमार के बारे में ही मन सोचने लगा। एक दिन मैं एक झोली में दो तीन शर्ट, और धोती भरके अंपलप्पुषा की ओर चल पड़ा। उधर से कोट्टयम जाना था। उन दिनों कोट्टयम जाने के लिए पहले अंबलप्पुषा आना था। उधर से आलप्पुषा तक नाव में यात्रा करनी थी। सुबह तकष़ी गाँव से निकलना था। फिर बस और नाव के सहारे यात्रा करनी थी। ऐसी स्थिति में दो बजे तक कोट्टयम पहुँच सकता था। आज उधर यातायात की सुविधाएँ बढ़ गई हैं।

आज के प्राइवेट बस अड्डे के स्थान पर उन दिनों एक दुमंजिला मकान था। उसमें सात-आठ कमरे थे। वह एक लॉज था। उसके व्यवस्थापक का नाम मत्ताई था। वे एक शाकाहारी भोजनालय भी चलाते थे। उधर का खाना बहुत अच्छा

था। कोट्टयम के लोग उस मालिक को मत्ताई पोट्टी पुकारते थे।

यह लॉज काराप्पुषा अरक्कल परिवार की संपत्ति था। मत्ताई उसको चलाता था। तब डी.सी. किषक्केमुरी पुस्तक प्रकाशन संस्था एस.पी.सी.एस. के बिक्री विभाग के मैनेजर थे। उन्होंने मत्ताई से कहकर मेरे लिए उधर ठहरने की व्यवस्था की थी।

उस लॉज में ठहरकर मैंने 'चेम्मीन' उपन्यास लिखना शुरू किया था। मछवारों की शैली में पहला वाक्य लिखा था। नौ वर्ष की आयु में सुनाई पड़ी शैली थी।

उस लॉज का नाम बोट हाउस लॉज था। हर दिन शाम को इधर आने वालों में सी.जे. टॉमस का नाम उल्लेखनीय है। उनके आगमन का एक खास उद्देश्य था। उस दिन समाप्त हुए भाग को वे पढ़ते थे। पढ़ने के बाद वे कुछ भी नहीं बोलते थे। चुप होकर वापस जाते थे। यों 'चेम्मीन' के प्रथम पाठक होने का श्रेय सी.जे. टॉमस को मिलता है। उन दिनों वे एस.पी.सी.एस. प्रकाशन संस्था के आवरण पृष्ठ के कलाकार के रूप में सेवारत थे। डी.सी. किषक्केमुरी भी लॉज में रोज़ आते थे। आठवें दिन को उपन्यास पूरा हो गया। मत्ताई पोट्टी ने उस दिन मुझे थोड़ा सा बियर पीने की इजाज़त दी।

शंकरमंगलम में घर बनाने में फिर दिक्कत नहीं हुई। 'चेम्मीन' की कई प्रतियाँ बिक गईं। लकड़ी से घर बनाकर खपरैल बिछाया। तीन चार कमरे भी बनवा सका। 28 सेंट वाले घर का विस्तार दूसरी कथा है।

मलयालम उपन्यास को प्रथम बार केंद्रीय साहित्य अकादमी का पुरस्कार घोषित हुआ तो वह उपन्यास 'चेम्मीन' था। जवाहरलाल नेहरू के कर कमलों से वह पुरस्कार मिला था। उस दृश्य को देखकर डॉ. राधाकृष्णन ने तालियाँ बजाईं। उस रकम से मैंने उपजाऊ खेत खरीद लिया था।

लेखक और व्याकरण

आम पाठकों के लिए यह एक रोचक विषय नहीं होगा। लेखन और साहित्यादि सुंदर कलाओं के क्षेत्र से जुड़े लोगों को इसमें रुचि होगी। यह उनके लिए उपयोगी भी होगा। इधर मैं लेखक की हैसियत से लगभग साठ साल के अनुभव का जिक्र कर रहा हूँ। यह पूर्णतः क्राफ्ट पर आधारित एक लेख है।

कुछ साल पहले मैंने एक सही बात कही थी। वह तो मैंने गंभीर होकर नहीं कही थी। किंतु उस पर बड़ी बहस हुई। मैंने सिर्फ इतना कहा था, "मुझे व्याकरण नहीं आता है। मैंने व्याकरण नहीं सीखा है।" लगता है कि फिर मैंने शायद यह भी जोड़ दिया था–लेखक बनने के लिए व्याकरण सीखने की ज़रूरत नहीं है। लगता है कि वह परिशिष्ट कुछ ज़्यादा भी हो गया। इसकी व्याख्या यह थी कि मैं व्याकरण का निषेधी हूँ। उस झगड़े के दरमियान मैंने अपनी 'ट्रेड सीक्रेट' भी खुलकर बता दिया था। क्योंकि और कोई चारा नहीं था। मैंने छोटे-छोटे वाक्यों का प्रयोग किया था। तब गलतियों की गुंजाइश कम होगी न ? कर्ता, कर्म, क्रिया-बस हो गया। यह किसी भी व्याकरण को हमले की सुविधा न देने वाली नीति है और मैं इस प्रसंग में एक दूसरी बात भी कहना चाहता हूँ। ई.वी. रामन नंपूतिरिप्पाद एक यशस्वी विद्वान थे। केसरी बालकृष्ण पिल्लै (मलयालम के एक युगप्रवर्तक आलोचक) से उनका निकट संपर्क था। वे रोज़ 'केसरी' पत्रिका के कार्यालय में आया करते थे। इसी बीच मेरा प्रथम उपन्यास 'त्यागतिण्डे प्रतिफलम्' (त्याग का पारिश्रमिक) प्रकाशित हुआ था। मलयालम साल 1108 (सन् 1934) में होगा। मैंने उसकी एक प्रति इस विद्वान को दे दी थी। इसमें आई व्याकरण संबंधी गलतियाँ दिखा देने के लिए मैंने उनसे अनुरोध किया था। व्याकरण से मैं इतना भयभीत था।

मेरी यह धारण थी कि साहित्यकारों को व्याकरण में पारंगत होना है। उन दिनों मुझे केवल एक व्याकरण सूत्र मालूम था। "जिस शब्द से किसी चीज़ के नाम का बोध हो उसे संज्ञा कहते हैं।" आज भी सिफ़ इतनी बात मालूम है।

सच सच सच। लगता है कि मेरी पीढ़ी के कई लेखकों की भी हालत ऐसी ही है। देव, बशीर आदि इसमें शामिल हैं। वर्की ने 'विद्वान' की उपाधि प्राप्त कर ली है।

जो भी हो, अगले दिन पंडित रामनंपूतिरिप्पाद ने मुझसे कहा था कि मेरी भाषा में व्याकरण की गलतियाँ नहीं है। मैं जीत गया। एक बड़ा संदेह मिट गया। अगर कहने के लिए बातें हैं और वे स्पष्ट भी हैं तो भाषा और व्याकरण पीछे पीछे आएँगे। मैं बाद में इस स्थिति तक पहुँच गया। सही हो या गलत आज भी मेरी स्थिति पूर्ववत् है।

बिना व्याकरण सीखे मैं इधर तक पहुँच गया। इसका मकसद यह नहीं है कि व्याकरण मत पढ़ें। ऐसा ख़याल भी मत करें। व्याकरण पढ़-पढ़कर गड़बड़ी में मत पड़ो। मैं जानता हूँ कुछ लोग गड़बड़ी में फँस गए हैं। कहने के लिए जो बातें हैं, वहीं तो मुख्य हैं। उसको स्पष्ट ढंग से कहना भी है।

केसरी बालकृष्ण पिल्लै का एक सिद्धांत मुझे याद आता है। कलासृष्टि का एक मुख्य पहलू चयन की क्षमता है। सच कहता हूँ शुरू शुरू में मुझे उसका पता न चला था। बाद में ही पहचान पाया था और वह भी किसी व्याख्या के फलस्वरूप नहीं था। लगातार लिखते रहने पर वह पकड़ पाया था। वह बात प्रकट हो गई। रचनारत होते समय कहने की बातें उमड़घुमड़कर आएँगी। इस समय बढ़िया आशय, रोचक प्रतीक और सुंदर भाव आते रहेंगे। किंतु निष्करुण होकर इनमें से कई चीज़ों को टालना पड़ेगा। उसके लिए आवश्यक क्षमता को पहचान पटुता कहते हैं। गलत स्थान पर आनेवाले सुंदर आशय असुंदर होते हैं। उस प्रकार के तिरस्कार दुःखद अनुभव होंगे। कभी कभी वह एक कमज़ोरी भी होगी। पहचान पटुता ही उधर हमारी रक्षा करेगी। उस पहचान पटुता का आधार तत्व कलाबोध है। कलाबोध का जन्म रुचि से होता है। हाँ, उसका कुछ अंश अर्जित भी कर पाएँगे। किंतु अभिरुचि का होना अनिवार्य है।

मुझे और एक तकलीफ का अनुभव हुआ है। आप मान सकते हैं कि यह अपनी कमजोरी है पर मेरा अपराध बोध है। सूक्ष्म अध्ययन करने पर कई साथियों और दिवंगत महात्माओं में भी इस प्रकार की कमज़ोरियाँ ढूँढ़ पाएँगे। उससे बचने के लिए मैं हमेशा विनम्र प्रयास करता आया हूँ। युग और अगली पीढ़ी इस बात का निर्णय कर लें कि मेरा वह प्रयास सफल रहा या असफल।

क्राफ्ट का दास होना–अगर एक रचना आत्मसंतोष देती है तो जीत ली। वह एक कमाल है। अगली सृष्टि पर भी उसी क्राफ्ट का प्रभाव पड़ेगा। यह कलाकार की बिक्री रुक जाने की एक रीति है।

उस प्रभाव से बचने का अर्थ एक नया आदमी बनना है। पिछले दिन तक के काम को भूल जाना–फिर एक नया क्राफ्ट बना लेना। अगली प्रधान सृष्टि

उसी ढंग की हो। मैं यह दावा करता हूँ कि अपनी ओर से मैं इस प्रकार का निरंतर प्रयास करता आया हूँ। यह दूसरी बता है कि वह प्रयास कहाँ तक फलीभूत हुआ है। कभी कभार मैंने ऐसी कृतियाँ भी रची हैं। इस दावे की पुष्टि में मैं सिर्फ अपने प्रयास को ही पेश कर सकता हूँ।

कदाचित मेरी कहानियों औ उपन्यासों में कई रचनाएँ एक ही प्रकार की क्राफ्ट के गुलाम बन गए होंगे। किंतु कई कृतियाँ आज भी विचारणीय रहती हैं। सफलतापूर्वक हासिल की गई एक क्राफ्ट होंगी। हमेशा के लिए उसके गुलाम बने दोस्तों के बारे में अब मैं सोच रहा हूँ। अनुभव के आधार पर अपने युवा दोस्तों से मेरा यह निवेदन है कि वे किसी भी संप्रदाय के गुलाम न बनें।

हम देख सकते हैं कि कई प्रसिद्ध लेखक भी कुछ शब्दों के गुलाम बन गए हैं। किसी भी विषय पर लिखें, वे शब्द उभर आएँगे। लगता है कि कई लेखकों की ओर हम कुछ शब्द फेंक सकते हैं। कुछ लेखक ऐसे हैं जिनका कदम कहीं भी टिक नहीं जाता है। उनका एक फिसलता सा रवैय्या है। इसका कारण और कुछ नहीं है। हर विषय के बारे में लिखते समय उनका रवैय्या एक ही बन जाता है। उससे वे विचलित नहीं होंगे। अनेक लेखक ऐसे भी हैं जिन्होंने यह सोचा है कि हम किसी को परेशान नहीं करेंगे।

ज़्यादा कहने की ज़रूरत नहीं है। पहले कही गई पहचान पटुता ही मुख्य चीज़ है। अब मैं अपने बारे में भी कुछ कहूँगा। लिखी चीज़ को मैं तुरंत भूल जाता हूँ। पता नहीं कि ऐसा इसलिए हुआ कि वह एक आदत बन गई है।

मेरी पहली कहानी से लेकर अंतिम उपन्यास तक के छोटे कथा संसार के कुछ विरले पात्र ही मुझे याद हैं। वह भी इसलिए कि वे कई जगहों पर विचारणीय विषय बन गए थे।

हर उपन्यास में प्रतिपादित जीवन के बारे में मुझे ठीक जानकारी है। किंतु पात्रों को मैं भूल जाऊँगा। उपन्यास का रूप मन में स्पष्ट नहीं रहेगा। मैंने इस बात पर ध्यान रखा है कि किसी उपन्यास का असर मुझ पर न पड़े। मैं इस बात का सख्त पाबंद हूँ कि आगे मैं जिस जीवन के बारे में लिखूँगा उसके प्रति मेरा रवैय्या नया होगा। मैं यह डींग मार रहा हूँ सो बात नहीं। यह सच है और मैं सच ही कह रहा हूँ।

भाग दो

कृतियाँ (कहानियाँ)

चुनी हुई कहानियाँ

फौजी रामन नायर

थाने में भीड़ को देखकर वह उधर गया। उधर हर जवान के शरीर को मापा जा रहा था। कितना ऊँचा है, कितना मोटा है, सब देख रहे हैं। उससे घर का नाम पूछा। उसके पास कोई उत्तर नहीं था। उस दिन डेढ़ सौ लोगों का चयन किया था। उनमें वह भी शामिल था।

उसी दिन उन्हें एक जगह ले जाया गया। मजेदार यात्रा थी। तीन बार अच्छा खाना मिलता है। निजी खर्च के लिए अलग पैसे भी देते हैं। दोस्त लोग भी अच्छे हैं।

रेलगाड़ी कई नई जगहों से गुजरी। उसने कई बड़े नगरों को देखा। आठ दिन के बाद उन्हें एक नई जगह पर एक ट्रेनिंग सेंटर पर ले जाया गया। प्रशिक्षणकाल बहुत कठिन था, किंतु एक बात पर सोचते वक्त मन को चैन मिला। तीन बार अच्छा खाना मिलता है। इतना ही नहीं, जीवन का उद्देश्य बनता गया। अनुभवों ने उसको नई रोशनी दी। आवारा होने का एहसास मिटता रहा। अब चादर बिछाकर लेटने से ही नींद आएगी। तकिए की जरूरत है। जीभ को स्वाद का पता चलता है।

ऐसा लगा कि अब कुछ करने को है, अब जीवन ठोस और वजनदार है। उसे भी कुछ जिम्मेदारियाँ निभानी हैं। फौज दो हजार मील दूर किसी स्थान को चल पड़ी। फिर एक स्थान से दूसरे स्थान। इसके बाद फौज तीसरी जगह पहुँची। उधर भी कुछ दिन रहे। अब उसको हिंदुस्तानी आती है। भारत के कई प्रमुख शहरों को उसने देखा है। कैसे जीना है, यह भी थोड़ा-बहुत सीख लिया। हाथ में पैसे हैं। सरकार से मिल भी रहा है।

एक दिन ऊँचे अफसर ने कहा–जो लोग चाहते हैं, वे एक महीने की छुट्टी ले सकते हैं। घर जाकर रिश्तेदारों से मिलकर आ सकते हैं। इच्छुक फौजी आवेदन भर दें। फौजी छावनी में उस दिन बड़े उत्साह और खुशी का माहौल छा गया।

वह भी उसमें शरीक हो गया, किंतु उसके उत्साह में कुछ कमी थी। उसने भी आवेदन कर दिया।

उस दिन रात का खाना खाने के बाद चार-पाँच फौजियों की एक टुकड़ी अलग बैठकर बातें कर रही थी। एक मैसूरवाले ने तिरुनलवेली वाले से पूछा—हम एक साथ जाएँगे न ? मगर मुझे कल शाम को ही जाना है। मैंने भी ऐसा ही तय किया है। बढ़िया बात है। बेटी से मिले बहुत दिन हुए। वह मैसूरवाला थोड़ी देर तक कुछ सोचता रहा। उसका चेहरा चमक उठा, मानों उसने मन की आँखों से बेटी को देख लिया हो।

तिरुनलवेली वाले ने कहा—मेरी बुढ़िया माँ की बात। मैं उनका इकलौता बेटा हूँ। उनसे कहे बिना मैं आया था। उसे भी कुछ बातें याद करने को थीं। उसने मन ही मन कहा—काश ! उस झोंपड़ी में बेटे की बाट जोहती हुई माँ अकेली बैठी है।

पालघाट का एक आदमी था। उसने तब राम से पूछा—तुम कब जाओगे ? क्या हम एक साथ जा सकेंगे ? रामन नायर ने यांत्रिक ढंग से उत्तर दिया—ओ हो। एक मद्रासी था, उसने सब लोगों से उपदेश के रूप में पूछा—क्या तीसरे दिन से ज्यादा रहने के लिए कोई छूट है ?

पालघाट वाले ने जवाब दिया—यह कहकर एक तार दे कि मैं बीमार हूँ। मैं भी ऐसा करना चाहता हूँ। घर जाकर कई मामले निपटाने हैं। एक दूसरे आदमी ने कहा। लगता है कि ऐसी बातें मुश्किल होंगी। क्या तुम जानते हो कि यह छुट्टी क्यों दी जा रही है ? यह घर देखने के लिए है। सबको देखकर आना है। आगे तकदीर है, तो माँ और बेटी को देख सकोगे। हमें लड़ाई के लिए भेजेंगे। सब चुप रहे। माहौल में एकदम उदासी छा गई। मैसूरवाले ने दीर्घ निःश्वास लेते हुए कहा—मेरी बेटी को हजार रुपए तनख्वाह मिलती है। यही रकम काफी है।

तिरुनलवेली वाले ने आगे कहा—हज़ार रुपए मिलने की वजह मेरी माँ की सेवा-शुश्रूषा के लिए कोई अवश्य होगा। वह दीर्घ निःश्वासों से भरी हुई रात थी, इसलिए किसी को भी नींद नहीं आई। तीस दिन की अवधि में बहुत सारे काम करने हैं। सब खत्म करना है।

रामन नायर ने भी छुट्टी की योजना बनाने की कोशिश की, किंतु करने के लिए कुछ भी नहीं है। इसलिए कार्यक्रम स्पष्ट नहीं बन रहा है। तीस दिन आलसी होकर सामने पड़े हैं। पास लेटे पालघाट वाले ने रामन नायर से पूछा—रामन नायर तुम्हारे घर में कौन-कौन हैं ? कोई नहीं। छुट्टियों में किधर जाओगे ? इसके लिए उसके पास कोई उत्तर नहीं था। दोस्त ने दोबारा पूछा—तुम्हारा घर तिरुवनंतपुरम में है न ?

रामन नायर और एक दुविधा में फँस गया। इस प्रश्न का भी उत्तर उसके

पास नहीं था। मैं नहीं आ रहा हूँ। मुझे छुट्टी नहीं चाहिए। ऐसा लगा कि रामन नायर गुस्से में है। दोस्त ने पूछा—अरे ! तुम क्यों रूठते हो, शायद घर से रूठकर आये हो। इसमें मेरा क्या कसूर है ? यों वह बात बंद हो गई।

रात के तीसरे पहर में भी एक आदमी नहीं सो रहा था। रामन ! उसे आश्चर्य हुआ कि किसने यह नामकरण किया होगा। नायर का स्थान कैसे मिला ? बचपन में सड़क पर आवारा होकर घूमता-फिरता था। तब किसी ने उस नाम से नहीं पुकारा था। जीवन के किस प्रंसग से यह नाम शुरू होता है।

मैं नहीं आऊँगा। मुझे छुट्टी नहीं चाहिए। ये वाक्य एक शाप के समान उसके कानों में गूँज रहे थे। ऐसी दो-टूक बात नहीं करनी चाहिए थी। केरल में कहीं वह बदनसीब औरत होगी—माँ या मर्द-बाप। या उस औरत के पेट से मेरे पहले या बाद में आया कोई आदमी होगा। क्या मेरी याद करने वाला एक भी आदमी दुनिया में नहीं होगा ? शायद तलाशने पर मिल जाएगा।

उसने अनेक प्रांतों को देखा। कई जातियों के लोगों से वह मिल-जुलकर रहा। कई जुबानें सुनीं, किंतु केरल में आवारा होकर घूमते रहने पर भी थकान नहीं लगेगी। उधर, ठंडे पानी की भी अपनी एक खूबी है। उधर के दिनदहाड़े की धूप भी आदमी को थका-माँदा नहीं बनाएगी। मलयालियों की हँसी में ही हृदय स्पर्श होता है। सिर्फ वह भाषा स्नेह को अभिव्यक्ति दे सकता है।

जन्मगाँव ने जन्मदात्री के रूप में उसे इशारों से पास बुलाया। सुख और शीतलता प्रदान करने वाले केरल में नारियल के पेड़ों की परछाई में लेटकर सोना है। विशाल जमीन से होकर घूमना-फिरना है। केरल का मुट्ठीभर भात खाना है।

बड़े सबेरे सभी के जागने के पहले वह जाग उठा। जब तक दूसरे लोग जागे, तब तक वह यात्रा के लिए तैयार हो गया था। आलप्पुषा शहर की सारी गली-सड़कों पर पिछले तीन-चार दिनों से लोग एक फौजी को देख रहे थे। शहर के हर भाग में रोज तीन-चार बार उस आदमी को लोग देखते रहे। रात में भी वह चलता रहता है। शिपयार्ड में खड़े कांस्टेबल से एक बार एक कुली ने उसके बारे में कुछ कहा था। वह फौजी किस गाँव का है, वह किधर रहता है, इन सबके बारे में लोगों को कुछ भी अता-पता नहीं था।

एक दिन वह उधर नहीं दिखाई पड़ा। अगले दिन सुबह को आनंदवल्लीश्वरम मंदिर के समीप एक घर की सीढ़ी पर वह खड़ा था। वह घर बंद था। उसके हाथ में लोहे की एक पेटी थी। सड़क से होकर चले एक आदमी ने उससे कहा कि उस घर में कोई नहीं रहता है।

तब मंदिर से एक आदमी बाहर आया। उस आदमी के पीछे वह चल पड़ा। थोड़ी दूर चलकर एक सीढ़ी की ओर वह मुड़ गया। मैं रामन हूँ। यह आवाज सुनकर उस आदमी ने पीछे मुड़कर देखा। पेटी पकड़कर वह फौजी पत्थर की प्रतिमा के

समान खड़ा रहता है।

क्या रामन है ? कौन-सा रामन ? मंदिर से आए उस आदमी ने पूछा। दूर सड़क की मोड़ पर आकर वह ओझल हो गया। तब तक वह आदमी उसे देखता रहा। रामन ! ऐसे एक आदमी को वे याद नहीं करते हैं।

चित्रक्कड़ा (जगह का नाम) के एक होटल के दरवाजे पर चाकू की नोक से रामन शब्द लिखा गया था। होटल के मालिक पोट्टी से उस फौजी ने कहा–मैंने यह खरोंचकर लिखा था। पोट्टी चुप रहा। फिर परमु नामक एक भाई की तलाश में वह तिरुवनंतपुरम में घूमता रहा। उसका भी पता न चला।

यों सत्रह दिन गुजर गए। किसी भी स्थान से उसे एक परिचित मुस्कान न मिली। कब आए ? यह सवाल सुनने के लिए वह केरल के तमाम शहरों में घूमता रहा। पहचान का स्वर पाने के लिए उसने बड़ी मेहनत की। पाँच, छह, सात दिन यों बीते। सामने आए हर आदमी से उसने बातें कीं। कई लोगों को भैया पुकारा। सामने आए हर आदमी को देखकर वह मुस्कराया। एक भी आदमी को वह याद में नहीं रख सका। कोई भी उसकी याद नहीं कर रहा था। कालिकट से नागरकोविल तक उसने पक्षी-वेग में यात्रा की। यों अट्ठाईस दिन गुजरे। अब सिर्फ दो दिन बाकी हैं। अब भी खाना खाने के बाद हर कहीं पैसे के लिए हाथ पसारे जाते हैं। नाम से कोई भी नहीं पुकारता है। इस नाम की क्या जरूरत है ?

शोर-शराबे से काफी दूर शांति भरा गाँव, टीले की तराई में हरे जंगल के बीच एक छोटा-सा घर। उसके बरामदे में एक दीपक के सामने बैठकर वह फौजी खाना खा रहा है। एक बुढ़िया भात और सब्जी पास रखकर थोड़ा-थोड़ा परोस रही है। बीच-बीच में बातें करके वह बुढ़िया फ़ौजी को खिला भी रही है।

फौजी उसको माँ पुकारता है। माँ। वह बुढ़िया उसे मुन्ना पुकारती है। वे घरेलू बातें कर रहे हैं। वह माँ कहती है–मुन्ना छह आदमियों का गुजारा चलाना है। कपड़ा, तेल, खाना सब चाहिए न। यह थोड़ी-सी जमीन है। एक साल पहले जमीन से कुछ कप्पा कंद मिला था। मट्ठा डाली, सब्जी कुछ और दूँगी। उसके बाद मट्ठा दूँगी। बुढ़िया ने खास सब्जी परोस दी।

माँ, भात नहीं चाहिए। मैंने ज्यादा खा लिया। सेरभर चावल होगा। है न माँ ? क्या यह ज्यादा है ? मुट्ठीभर चावल ही डाला गया। बुढ़िया ने आगे कहा। बीच में रामन नायर ने पूछा–क्या माँ के लड़के नहीं हैं ? बुढ़िया ने दीर्घ निःश्वास से कहा– ईश्वर ने एक लड़के को दिया था, फिर उसको ले लिया। अब जिंदा रहता तो तेईस साल का होता। मेरी नाणी से छोटा था। नाणी दो साल बड़ी है। थाली में बुढ़िया ने भात कुछ और डाला। रोकने पर भी वह नहीं मानती थी।

मुन्ना तू मेरा हाथ छोड़ दे। बस काफी है माँ, मुझे घुटन होती है। उसे अपने जीवन में पहली बार इस प्रकार का खाना मिला था। कोई भी आदमी मानेगा कि

उसने जी भर खाया है।

उस दिन रात को उस झोंपड़ी के सामने एक आदमी परेशान होकर चल रहा था। यह दूरदराज का एक गाँव है, जहाँ आम त्योहार ओणम भी नहीं आता। ऐसी जगह ने उसके जीवन को एक अनुपम रिश्ता प्रदान किया है। उसको लगा कि अब उसका हृदय चैन से स्पंदित हो रहा है। विचार स्पष्ट है, उसे एक माँ मिली।

माँ ! माँ ! एक कौर भात और ला। माँ सब्जी डालेगी। उस बुढ़िया की मुस्कान वह कभी भी न भूल सकेगा। उसकी इच्छा थी कि पेटभर खाऊँ। अगर भरपेट न खाऊँ तो क्या होगा ? उससे उसकी नींद को कोई हानि नहीं होगी। थोड़ा भात बर्तन में रखकर यों इंतजार करने की जरूरत नहीं है, क्योंकि उसे उसके प्रसव की पीड़ा नहीं हुई थी। नहीं, कोई भी इंतजार नहीं करेगा। समुद्रों की सीमा के उस पार युद्ध के मैदान में उसका शरीर अगर तितर-बितर हो जाए तो किसी को भी कतई नुकसान नहीं होगा। ऐसी त्रासदी न आने के लिए प्रार्थना करने को भी कोई नहीं है।

अगले दिन सुबह उसने बुढ़िया से कहा—माँ, मैं एक बात कहूँ ?

मुन्ना कह।

मैं, मैं एक नायर हूँ माँ।

यह बात मुन्ना ने कल कही थी।

मेरा कोई नहीं है। गाँव, घर रिश्तेदार कुछ नहीं। यह बात भी तूने खाना खाते समय कही थी न ? माँ मेरे लिए कोई नहीं है। वह फूट-फूटकर रो पड़ा। बुढ़िया घबरा उठी।

उस दिन उस घर में एक छोटी शादी संपन्न हो गई। यों पच्चीस वर्ष की आयु में नाणी को एक पति मिला। वह एक सुंदर शाम थी। फसल कटने के बाद वह खेत सूर्यास्त की कांति में कनक-धूसरित हो गया। खेत में मंद हवा बह रही थी। बैलों को हाँककर थका किसान चला गया। उसके कंधे पर जोत का जुआ रखा था।

क्यों इधर खड़े हैं ? वैसे ही, रामन नायर ने कहा। अब उसे रिश्तेदार मिले। आज क्यों जा रहे हैं ? ऐसा प्रश्न सुनकर उसने पीछे मुड़कर देखा। वह पीछे खड़ी है। नाणी को उसने गौर से देखा। वह सिर झुकाकर खड़ी हो गई। मुझे जाना है। अगर तकदीर है तो मिलेंगे। तू कन्या के रूप में ही रह।

उसका गला रुँध गया।

मैं ऐसी ही रहूँगी। मगर कल उसने निषेध में सिर हिलाया। आधी रात हो गई। पूर्ण चंद्र दिखाई पड़ा। उस खेत से होकर पेटी पकड़कर चलने वाले रूप को वह देखती रही। झरना अपना जीवन गीत गा रहा था। उधर एक फौजी का फैमिली

अलॉटमेंट आता रहता है। हर महीने में चालीस रुपए आते हैं। काँसे का एक बर्तन, ताँबे के दो बर्तन, तीन-चार पलंग, इतनी चीजें खरीद लीं। उन पर उसका नाम लोहे से लिखवाया। घर की मरम्मत की। जमीन का बाड़ा ठीक बनाया। उधर, केले के पौधे लगाए। नाणी आज उधर की प्रधान महिला है। माँ भी उसकी बात को मानेगी। हर दिन वह मंदिर जाती है। मन में कुछ प्राथनाएँ हैं। हर दिन उधर एक आदमी के लिए खाना रखा जाता है।

रात के वक्त कुछ आवाज सुनाई पड़े तो माँ पूछेगी कि वह कौन है ? वह बात सुनकर हड़बड़ाकर उठेगी। सहेलियाँ कभी-कभी पूछती थीं कि तेरा नायर कब आएगा ? तब वह निरुत्तर हो जाती है।

एक दिन आकर डाकिए ने एक बड़ा लिफाफा उसे दिया। वह फौजी का फोटो था। उस दिन से लेकर उस घर की मिट्टी की दीवार को वह फोटो अलंकृत करने लगा। तीन महीने गुजरे तो प्रतिमाह सौ रुपए का उसके नाम मनीआर्डर आने लगा। छह महीने के बाद राशि में बढ़ोत्तरी हुई। एक दिन नजदीक के थाने से एक नोटिस मिला। लोहे की तीन पेटियाँ स्वीकार करने के लिए उसमें बताया गया था। उन पेटियों में एक ऊँचे सैनिक अफसर के कपड़े थे। एक पेटी में शादी के अवसर पर उसके गले में डाली गई फूल की माला थी। वह सूख गई थी। नाणी चौंक उठी।

एक हफ्ते के बाद दस हजार रुपए का एक चेक उसे मिला। उसके बाद प्रतिमाह का मनीआर्डर नहीं आया।

रमणी की शादी

यह एक कहानी नहीं है। कोई भी न माने कि यह एक कहानी है। कदाचित् कहनेवाली बात को एक कहानी के रूप में कह पाऊँगा। अब मैं उसके लिए कोशिश नहीं करता हूँ। मेरे लिए कहने की कई बातें कहानी के रूप में बदल गई हैं। इसलिए संभवतः पाठक इसको भी एक कहानी मान लेंगे। बात ऐसी है तो मैं क्षमाप्रार्थी हूँ।

शायद आप पूछेंगे–क्या घटी हुई बातें कहते हैं ? इसके लिए मेरे पास कोई उत्तर नहीं है। इतना कहूँगा कि ऐसी बातें घटना के रूप में आ सकती हैं। मेरा एक दोस्त है। आयु में मुझसे छोटा है। बचपन से ही प्रगतिशील विचारों का रहा है। कई किताबें पढ़ी हैं। काफी सोचविचार भी किया है। उनकी शादी तक इसका सबूत है। कह सकते हैं कि वह एक प्रेम-विवाह था। एक परिवार के निर्वाह कर पाने की अवधि तक मुहब्बत बनी रही और बाद में शादी हुई। लड़की इंतजार करती रही। उसने भी ऐसा ही किया। लड़की के पास कई अच्छे विवाह प्रस्ताव आए थे। किंतु सबको टालकर वह इंतजार करती रही। वह मुहब्बत सफल हुई। दो संतानें भी हुईं।

उस घर में अमन-चैन था। उधर कुछ भी झगड़ा-झमेला नहीं हुआ था। मुझे आश्चर्य हुआ था। क्या ऐसा भी कोई घर है जहाँ कुछ टकराहट नहीं होती है ? हाँ–वह उस दोस्त का घर है। उस घर ने यह साबित कर दिया था कि कैसे आपसी मेल-जोल बनाए रख सकते हैं। सही बात बोल रहा हूँ। मैंने ध्यानपूर्वक उस घर के रिश्तों का निरीक्षण किया था। कभी-कभी मुझे लगा था कि यह घरेलू वातावरण कुछ बनावटी है। मैं अपने आप से पूछता था कि इतना पूर्ण अमन-चैन अगर कृत्रिम नहीं है तो फिर क्या है ? मुझे यह कहने की हिम्मत नहीं है कि एक घर का माहौल ऐसा ही रहे। मुझे इस बात पर आपत्ति है कि उधर बच्चों को बेहद आजादी दी गई है। कभी-कभी मैंने खुलकर यह बात कही भी है। किंतु ऐसा कहने पर वह लंबा-चौड़ा भाषण नहीं देता। एक मुस्कान, या इस तरह की बात–'भैया मुझे

जानते हैं न ?' सिर्फ इतनी-सी बात। जब लड़की देरी से आती है तब वह पूछ लेता था, "क्यों इतनी देरी हुई ?"

तनिक भी न सकपकाते हुए वह उत्तर देती, "मैं सिनेमा देखने गई थी।"

संभवतः फिर वह यह भी बताएगी कि उसके साथ कौन-कौन थे ? कभी-कभी सिर्फ एक आदमी उसके साथ होता था। वह एक पुरुष का नाम बताएगी। सिनेमा जाने की बात कहते समय वह पिताजी से इस सवाल की प्रतीक्षा करती थी कि उसके साथ कौन-कौन थे। इस सवाल को तरज़ीह न दी जाए इसके लिए वह कुछ और बातें भी कहती थी।

वह छात्रा है, युवती भी। हमारे इलाके में ये सब कुछ ज़्यादती वाली बातें हैं न ? बड़े-बड़े शहरों में भी इतनी खुली आजादी नहीं दी जाती है। क्या माँ-बाप इन बातों को बर्दाश्त कर सकते हैं ? पता नहीं उसने बेटी को ध्यान रखने का उपदेश दिया था कि नहीं। ये लड़के-लड़कियाँ इसी ढंग से पल-बढ़ रहे थे। इस युवा बेटी के बारे में माँ-बाप ने चुपचाप कुछ चर्चा की है ? मुझे लगता है कि ऐसा कुछ नहीं हुआ है। ऐसे कोई आसार मुझे नजर नहीं आए। जो भी हो वह एक 'ब्वॉयफ्रेंड' के साथ सिनेमा देखने गई है। यह बात सुनने पर क्या एक पिता चौंक नहीं जाएगा ? माँ पागल-सी होगी न ? किंतु सुना नहीं है कि ऐसा कुछ हुआ है।

घर में खुली बहसें हुई थीं। मैं उनका गवाह भी रहा था। राजनीतिक मसले ही नहीं बल्कि सामाजिक समस्याएँ भी। कुछ दुराव-छिवाव नहीं है। शादी के बारे में वहाँ जोरदार चर्चाएँ हुआ करती थीं। मुझे कभी-कभी लगा है कि क्या पिता कुछ रूढ़िवादी नहीं हो गया है। तर्क-वितर्क के दौरान एक दफे बेटी ने पूछा था, "पिताजी आपकी यह बात मुझे आश्चर्य में डाल देती है। कुछ साल पहले आप का मन इस तरह का नहीं था। आज आपके कहने का मकसद यही है न कि माँ-बाप के द्वारा चुने गये पुरुष की पत्नी होकर जीना है। आपने पहले ऐसा नहीं कहा था। पिताजी, क्या आपने पहले दृढ़ स्वर में नहीं कहा था कि लड़का और लड़की एक दूसरे को अच्छी तरह जान लें !" थोड़ा तुनककर लड़की ने यह कहा था। मैं सब कुछ सुन रहा था। बीच में मुझे कुछ कहने की इच्छा हुई। वह इस प्रकार थी।

'किंतु रमणी, तू सयानी हो गई है। इसलिए पिताजी ऐसा बोल रहे हैं।' मगर मैंने यह बात नहीं कही। मैंने सोचा कि मेरा दोस्त ऐसा क्यों नहीं कहता है। मन ने उत्तर दिया, प्रगतिशील विचार !

बेशक एक संघर्ष चल रहा है। कहने की सारी चीजों को अब वह निगल रहा है। प्रगतिशील विचार उसकी खूबी थी। अब वह उसी का गुलाम बन गया है। वह अब एक पिता है।

माँ, बाप, ये सब कोई छोटी-सी बात नहीं है। माँ-बाप के मन में रूढ़ियाँ हैं। वे अपनी पीढ़ी के स्वप्न देखते हैं, ये सब बड़े स्वप्न हैं। दुनिया को बनाए रखनेवाले स्वप्न हैं। हमें इस बात पर सोचने की फुर्सत नहीं है कि हजार सदियों पहले पूर्वज कैसे जीवन बिताते थे। अब हम और तुम मन में अचानक परिणामवाद के अनुसार एक बंदर को देख पाएँगे। तब हमें हँसी आएगी। आत्मा का नाश नहीं होता है। इस सिद्धांत के आधार पर वे बंदर मुझे और तुम्हें देखकर क्या हर्ष या विषाद का अनुभव करते होंगे ? मुझे लगा कि बेशक मेरे दोस्त को उत्कंठा है। ऐसा नहीं होने का बहाना करता है। वह तो ढोंग है।

एक बार वे व्यभिचार के बारे में बातें कर रहे थे। एक घर में माँ-बाप और उनकी संतानें एक साथ बैठकर व्यभिचार पर बातें कर रहे हैं। यह हमारे यहाँ सहज बात नहीं है। क्या इस प्रकार की कोई दूसरी बात इस संसार में है जो चर्चा के लायक नहीं है। हेय बात है। गंदी बात। बाहर कहने लायक है ? किंतु मैं उधर पहुँच गया। मुझे लगा कि एक अट्टहास के साथ उसको खतम करना है। फिर सोचा कि देख लेना है कैसे वे इस विषय की चर्चा करते हैं। दोष बताना उचित नहीं है न ? वह एक शास्त्रीय चर्चा थी। मनुष्य-मनुष्य का शोषण कर रहा है। उस शोषण को मिटाने के प्रयत्न और उसको जारी करने के उपाय कैसे समाज के इतिहास में नाना प्रकार से क्रियाशील रहे—इसी विषय के समान व्यभिचार पर भी उस सभा में चर्चा की गई। रमणी ने कहा, "व्यभिचार एक प्राचीन संस्था है। वह समाज की रक्षा के लिए कायम रहती है। आज की सामाजिक स्थिति में उसकी सख्त जरूरत है। प्राचीन इतिहास में सिपाहियों की माँग की पूर्ति के लिए व्यभिचार को स्वीकारा गया है।"

पिता ने उसकी बातों से सहमति प्रकट की। मैं वहाँ शिलावत् बैठा रहा। रमणी का तर्क था कि आज भी बेरोजगारी और निराशा के जमाने में व्यभिचार को एक संस्था के रूप में कायम रखने की जरूरत है। थोड़ी देर तक सोचने के बाद पिता मान गए।

बेटी आगे बोली, "आत्मनिंदा की स्थिति में युवा लोग जिन परिस्थितियों और बुरी आदतों में पड़ जाते हैं उनसे आज की युवा पीढ़ी को व्यभिचारिणियाँ ही बचा सकती हैं।" पिताजी उस विषय पर सोच रहे हैं। लगता है कि उन्होंने उतना अध्ययन नहीं किया है। मैं शिलावत् बैठा था। याद नहीं कि मैं कब उस घर के गेट के बाहर पहुँच गया। तब एक मंद समीर बहा। तभी मैं असली मैं बन गया था। मंद समीर का वह झोंका पड़ने पर जो अनुभव हुआ था ऐसा अनुभव अब तक मेरे जीवन में नहीं हुआ था।

कई दिनों तक मैं उस घर में नहीं गया। मैं उस घर को भूल गया, अपने दोस्त को भूल गया—सो बात नहीं। मेरे शिलावत् रहने की हालत एक भीषण स्वप्न

था। अगर मंद समीर न बहता, मैं शिलावत् बैठा ही रहता। मैं उस तरह की एक परीक्षा के लिये तैयार नहीं था।

एक दिन संयोगवश उस रास्ते से होकर गया। तब लगा कि उस घर में जाना है। उस समय मेरे मन में यह बोध उत्पन्न हुआ कि किसी को शिलावत् बनाने की घटना नहीं होगी। घर में सिर्फ मेरा दोस्त था, वह एक किताब पढ़ रहा था। आपस में खुशखबरी सुनाई। कई दिनों से मैं उधर नहीं गया था। इसका असली कारण नहीं बताया। कुछ लूली-लँगड़ी बातें कहीं। उधर उतना काफी है। बस कुछ कहना है। पता नहीं कि वह मान गया कि नहीं। उसे सूक्ष्म बातें पूछने की आदत नहीं है। तब कुछ न बताना काफी है।

वह एक बात कहना चाहता था। उसने वह बात इस ढंग से पेश की।

"रमणी शादी करना चाहती है।"

मैंने पूछा, "किससे ?"

जीभ पर शब्द ऐसे ही आए थे। जिज्ञासा और उत्कंठा के लिये वहाँ जगह नहीं थी। वह उसी ढंग से संपन्न हो सकती थी। 'किससे' वाला मेरा प्रश्न उस लायक था।

उसने उस युवक का नाम बताया।

"अच्छी है—अच्छा चयन है," मैंने कहा। आर्थिक स्थिति अच्छी है। बेहतर नौकरी है, आदतें अच्छी हैं। देखने में भी सुंदर है। कोई भी युवती उस युवक को चाहेगी। लड़की खतरे में नहीं पड़ी। अच्छे स्थान को ही पकड़ लिया। लड़की अकलमंद और सुयोग्य है। उत्कंठा की कतई जरूरत नहीं है।

मैंने पूछा, "क्या शादी की बात करने का समय आया है ?"

"वे परस्पर तय कर रहे हैं।"

मैंने पूछा, "उनको अनुमति देना बेहतर है न ?"

"हम तो मान गए।"

"उसके घरवालों की बात ?"

"वे भी सहमत हैं।"

"तब तो देरी करने की बात नहीं है न ?"

मेरे दोस्त ने कहा, "उन दोनों के निर्णय का पता नहीं चला है। कल मुझसे सिर्फ इतना बताया कि उनका ऐसा इरादा है। कल ही लड़की ने पहली बार मुझसे बात की थी। उसने इस भूमिका के साथ कहा कि पिताजी मैं अपना इरादा पहले ही बता दे रही हूँ। मैंने लड़की से कुछ भी नहीं पूछा था। ये सारी बातें उसने मुझसे कही हैं।"

कई महीने बीत गए। मैं बीच-बीच में दोस्त के घर जाया करता था। कभी-कभी शादी के बारे में पूछता था। तब एक छोटा उत्तर मिलता था कि कुछ तय नहीं हुआ। एक दिन मेरे मित्र ने कहा, "रमणी ने उस शादी को टाल दिया।"

मैं चौंका नहीं। चौंकने की बात नहीं है। फिर भी मैंने पूछा कि क्यों ऐसा हुआ।

दोस्त ने कहा, "बेटी ने कहा कि वह युवक एक लड़की के साथ नहीं रह सकता।"

"यानी ?"

दोस्त को उसका पता नहीं है। किंतु उसने आगे कहा, "कदाचित् उसकी माँ ने वह बात पूछी होगी। माँ को उसका उत्तर मालूम होगा।"

मैंने माँ के पास जाकर बात नहीं की। मुझमें पूछने की क्षमता नहीं थी। मैंने पूरे धैर्य के साथ दोस्त से ही पूछा, "लड़की कैसा जीवन बिताने जा रही है ?"

मेरे दोस्त ने स्वयं यह प्रश्न अपनी बेटी से पूछ लिया था। बेटी का दो टूक उत्तर था—"पत्नी के रूप में ऐसा जीवन नहीं जीना है। चाहे किसी भी हालत में जिऊँ। अगर जी नहीं सकी तो मर जाऊँगी।"

तनिक सोचकर दोस्त ने आगे कहा, "तब आगामी पीढ़ी की बात ? मेरे इस प्रश्न का बेटी ने यह उत्तर दिया था कि मैंने उस बात की जिम्मेदारी उठाने का वायदा किसी से नहीं किया है।"

दोस्त ने आगे भी कई बातें कही थीं मगर उनमें से सिर्फ एक वाक्य मुझे याद है—"अपनी मांग पर मैं इस दुनिया में नहीं आई थी। मैं अकेली जा रही हूँ। किसको क्या नुकसान है ?"

उसकी कमाई

कितना बीभत्स दृश्य है। यदि आपकी नजर उधर पड़ गई तो मन काँप उठेगा। किंतु साफ नहीं दिखाई पड़ेगा। आँख के नीचे एक गड्ढा है। उसमें एक लाल गोलाकार चीज लुढ़क रही है। नीचे सफेद दाँतों की पंक्ति, लगता है कि उस लाल चीज को नीचे गिरने से रोकने के लिए ही खड़ी है। होठ नहीं है। कहते हैं कि वह एक स्त्री है।

सड़क के नजदीक सुबह से ही यह दृश्य दिखाई पड़ेगा। एक आवाज भी आती है। भीख माँगने की। उसके सामने एक हाँडी है। हर आदमी उसमें खुद ही कुछ डाल जाएगा।

उस औरत के साथ एक आदमी भी है। मेरा ध्यान उसी ने ज्यादा आकृष्ट किया था। औरत एक भिखारिन है। भीषण बीमारी ने उसके चेहरे को एकदम खराब कर दिया है। किंतु उस औरत के प्रति उस पुरुष का लगाव ध्यान देने योग्य है। सड़क के एक किनारे बैठे उन लोगों पर मेरी निगाह पड़ना लाजमी था। मेरा एक दोस्त है। वह कवि भी है। उसने भावावेश में इनके रिश्ते के बारे में मुझे बताया भी। मैं चुपचाप सुनता रहा। वह बताता, इस हालत में भी यह औरत एक पुरुष के जीवन स्वप्नों को साकार करती है। वह एक पुरुष को उत्तेजित करती है। कवि शायद ठीक ही कहता होगा। दिलों के बीच ही मेलजोल स्थापित होता है। किंतु उनके चुंबन का वह दृश्य। क्या वे चुंबन के बिना नहीं रह सकते ? शरीर एक नीड़ है। हृदय को बसाने के लिए। अगर इस बात को हम छोड़ दे तो प्रेम संबंध में शरीर का कोई स्थान नहीं रहेगा।

एक बात मुझे खुलकर कहने दें। मेरे मित्र की भावुक व्याख्याओं को जैसी की तैसी मंजूर करना मेरे बस की बात नहीं थी। पता नहीं, ऐसा क्यों होता है। मुझे वे व्याख्याएँ ठीक ही नहीं लग रही थीं। उसने कुछ बेहतरीन पंक्तियाँ लिखीं। मैं उनमें सराबोर हो गया। किंतु मैं उन पर तर्क-वितर्क नहीं कर पाया। मुझे लगा कि उस रिश्ते में कुछ न कुछ बनावटीपन है। स्पष्ट करने के लिए कहा जाए

तो मैं असमंजस में पड़ जाऊँगा। कहीं न कहीं वह कुछ असहज जरूर है। हर आदमी उस हाँडी में अपने आप कुछ डालता है। किंतु उसमें कभी भी कुछ दिखाई नहीं पड़ता है।

एक दिन वे जाने की तैयारी में थे। संयोगवश मैं उधर से जा रहा था। पैसा औरत के पास था। गाँठ खुली तो वह आदमी गिद्ध की तरह उधर देख रहा था। उसकी दृष्टि एक लालची दलाल की सी थी।

औरत ने चार सिक्के लेकर उसे दे दिए। फिर कुछ आवाज सुनाई दी। पुरुष के भी कुछ शब्द सुनाई पड़े।

मेरे मित्र ने इसकी भी व्याख्या की। यह व्याख्या मुझे सत्य प्रतीत हुई। वह पुरुष खर्चीला होगा। वैसे भी आजकल पतियों की संपत्ति पत्नियाँ ही सँभालती हैं न ? उसमें गलत क्या है ?

मित्र ने मुझ पर मनुष्य विरोधी होने का ठप्पा भी लगाया।

मैं धैर्य के साथ सड़क के उन दृश्यों का निरीक्षण करने लगा। बहुत कुछ देखा। वह पुरुष उस औरत की गोद में सिर रखकर लेटता है। उसकी पीठ सहलाता है। उसको निहार-निहार कर आनंद उठाने का बहाना करता है। किंतु अगर कोई दूसरा आदमी यह देखता है तो वह ऐसा नहीं करता। उन्हें भी शरम आती है न ? किंतु उन दृश्यों को देखने के लिए किसी में भी धैर्य नहीं है। वह चाहता है कि कोई भी उस ओर ध्यान न दे।

मुझे लगा कि मेरी करतूत उसे रास नहीं आती। थोड़ी-सी आहट सुनते ही वह शोर करेगी। एक दिन तड़के ही मैं उस रास्ते से होकर चला गया। तब उस आदमी ने धीमी आवाज में औरत से कहा—

'अरी, वह हमारी तरफ देखता है।'

एक दिन ये वहाँ नहीं दिखाई पड़े। फिर पाँच-छः दिन बाद मैंने देखा कि वह पुरुष अकेला ही कहीं जा रहा है। उसके हाथ में एक टोकरी थी। वह दृश्य बड़ा कारुणिक था। उस औरत के बिना मैंने उसे कभी अकेला नहीं देखा था।

अगले दिन वह मेरे दफ्तर में आ खड़ा हो गया। वह बहुत उदास दिखाई पड़ा, जैसे कोई दुर्घटना हो गई हो। उसने हाथ से इशारा किया। वह कुछ कहना चाहता है। किंतु आवाज नहीं निकल रही थी। वह सिसक रहा था। मगर आँखें सूख गई थीं। मेरा हृदय पिघल गया। आँसू न टपकनेवाली वेदना मैंने अब तक नहीं देखी थी।

मैंने पूछा—"तुझे क्या हुआ ?"

उसने उदास होकर कहा—"वह गिर पड़ी है।"

"क्या ?"

उसका जिगर टूट रहा है। "वह अभी मर जाएगी, हुजूर भूख और बीमारी से।"

मैंने एक सिक्का उसे दे दिया। वह उसे लेकर जा रहा था। मैं उसे देख रहा था। मैं कई बातें पूछना चाहता था। किंतु यह उचित मौका नहीं था।

हफ्ता भर बीत गया। मैं वे सारी बातें भूल गया। एक दिन शाम को मैं सागर तट पर अकेला बैठा था। वह अचानक मेरे पास आया। उसको देखकर मुझे लगा कि औरत की बीमारी ठीक हो गई होगी।

''अरे क्या बात है, वह ठीक हो गई ?''

''हुजूर, वह मर गई'', उसके चेहरे पर कोई भाव नहीं था।

''क्या ? मर गई ?''

''जी हाँ, परसों।''

मैंने ध्यानपूर्वक उसके चेहरे की ओर देखा। कोई खास बात नहीं दिखाई पड़ी। जब वह बीमार थी तो वह फूटफूट कर रोया था। मरी तो जरा भी अफसोस़ नहीं है। कैसा विचित्र रिश्ता है।

''तू अब अकेला हो गया न ?'' मैंने पूछा।

''जी हाँ,' उसने कहा।

''तकदीर है।''

''जी हाँ।''

''क्या तुझे बिलकुल अफसोस नहीं है ?''

''जी हाँ।''

कितने उद्वेगहीन उत्तर थे ये सब।

मेरे मित्र को एक दूसरा काव्य-विषय मिल गया। कहता है कि यह भाव की पराकाष्ठा का अभाव है। इस पर मैं क्या कहूँ ?

कुछ साल और बीत गए। यदा-कदा मैं उस रिश्ते के बारे में सोचता। जिंदगी में ऐसे कितने भाव हैं, जिनके बारे में हमें तनिक भी अता-पता नहीं है।

उस साल मैं शबरीमला (एक तीर्थ स्थान) गया। जंगली रास्ते में समाज के गले-सड़े अंग से दिखाई पड़े। ये भी मनुष्य जीव ही हैं। खाँसते-कराहते शरीर। उनकी जीभ को भी स्वाद का पता है। वे भी श्वासोच्छ्वास करते हैं। उनमें भी धमनियाँ होती हैं और उनमें भी खून बहता है। वे चाहते हैं कि हम इन सारी बातों पर विश्वास करें। कुछ लोग आहें भरते हैं। कुछ हाहाकार करते हैं। कुछ चुपचाप पीठ के बल लेटते हैं। सब माई के लाल ही तो हैं। माँ के प्यार और दूध ने इनको पाला-पोसा है।

नीले पहाड़ से जबरन दया माँगकर भीख की एक हाँडी मिल गई। ऐसा बढ़िया इंतजाम मैंने अन्यत्र नहीं देखा था। ऐसा लगा कि मानव स्वभाव के दया नामक भाव का बारीकी से नापतोल किया गया है। वह एक कला ही थी। उसके लिए चयन किया गया, एकमात्र उपकरण एक कुष्ठ रोगी का। कोई भी खड़ा नहीं

देखेगा। उसकी कृत्रिमता समझेगा भी नहीं। उस ओर जाते वक्त तुम्हारा हाथ अपने आप कृपालु बन जाएगा।

यह मत पूछिए कि इन सबका निर्वाह कैसे हुआ। यह मेरे शब्दों के बाहर है। किंतु एक वैज्ञानिक ने उधर दया नामक मानसिक भाव का विश्लेषण किया है। एक मातृवत्सल पुत्र, कोढ़ी माँ की सेवा शुश्रूषा करता है। एक नाटकीय माहौल। पता नहीं चलेगा कि यह एक बहाना है। उसे जीवन में और कुछ करने को नहीं रहा है। उसका जन्म उसी कर्तव्यपालन के लिए हुआ है। प्रसव से वह माँ भाग्यशाली और धन्य बन गई है। कभी-कभी एक अनुनासिक पुकार सुनाई पड़ेगी।

'मुन्ना !'

आज्ञाकारी बालक की तरह वह उस पुकार को सुनेगा।

'क्या ?'

यह बेटा वही आदमी था।

मुझे देखते ही उसे पता चला। किंतु क्षणभर तक वह नहीं हिला। मैंने उस हाँडी में कुछ भी नहीं डाला था। कुछ लोगों ने इस पर मुझे खरी-खोटी सुनाई।

तीन-चार साल गुजरे। एक दिन औच्चिरा (एक गाँव) के खेत में उसे देखा। उसके साथ तीन-चार बच्चे भी थे। एक को उसने उठा रखा था। दो के हाथ पकड़े थे। मालूम पड़ा कि ये उसके पोते हैं। इनके माँ-बाप चल बसे हैं।

इन भिखमंगों को देखकर मेरा मन नहीं तरसा। मैंने ऐसे कई दृश्य देख रखे हैं। मुझे अहसास हुआ कि यह सब ढोंग है।

सब रजिस्ट्रार के रूप में कार्यभार लेकर उसी समय मैं आलप्पुषा आया था। एक दिन तीन हजार रुपए का एक पट्टा रजिस्ट्रेशन के लिए आया। आलप्पुषा का एक अमीर जमीन बेच रहा था। रजिस्ट्रार के सामने रुपए देने थे।

मैंने संबंधित लोगों को बुलाया। वह अमीर सेठ आया और उसके पीछे 'वह' भी था। उसी दिन मुझे उसके नाम का पता चला–'नारायण'।

हाथ जोड़कर वह मेरे सामने सविनय खड़ा हो गया। मैं चकित रह गया।

"क्या जमीन खरीदनेवाला तू है ?" मैंने पूछा।

"जी हाँ।"

उसने गिनकर रुपए दे दिए।

"क्या तू मुझे जानता है ?"

वह हँस पड़ा, "हुजूर आप से मुझे डर है"।

"क्या तुझे अब भी काम है ?"

"जी हाँ।"

"अब भी क्यों ?"

"यह बच्चों के लिए है। मरते पल तक नारायणन काम करके रोटी कमाएगा।"

हाथ जोड़कर उसने विदा ली।

अगर मेरे माँ-बाप जिंदा रहते

माँ-बाप के देहांत के समय लक्ष्मी तीन वर्षीया लड़की थी। मृत्यु के अवसर पर माँ- बाप ने बड़ी बेटी को अपने पास बुलाकर कहा था–''कुट्टो, आगे तू ही लक्ष्मी के लिए माँ-बाप होगी।''

लक्ष्मी को क्रोध बहुत आता था। कुट्टिअम्मा के लिए लक्ष्मी का लालन-पालन मुश्किल हो गया।

लक्ष्मी के स्मृति फलक पर अंकित पहला चित्र है—वह कुट्टिअम्मा की बेटी, कामाक्षी से झगड़ा कर रही है। लक्ष्मी, दीदी के तमाचे से डरकर झुरमुट में जाकर छिप जाएगी, उधर वह रेत में खेल कर हँसी-खुशी समय बिताएगी।

शाम को लक्ष्मी वापस आएगी। कामाक्षी के काले घुँघराले बालों को दीदी सँवार रही है, यह दृश्य उसे दिखाई पड़ेगा। वह स्नान भी नहीं करना चाहती, इसलिए रसोई में जाकर छिप जाएगी।

कामाक्षी को पास बिठाकर उसका बाप खाना खिलाता है, रसोई घर में बैठकर लक्ष्मी इस दृश्य को टकटकी लगाए देखती है। बेटी को गोद में बिठाकर वह पिता प्यार-दुलार करता है। वे बेटी की बातें सुनकर खिलखिलाकर हँस पड़े थे। उस दृश्य को यों देखते रहने का चित्र भी लक्ष्मी के स्मृति-फलक पर अंकित है।

रात को तन-बदन पर खुजली-सी लगते समय बड़ी बहन लक्ष्मी को पकड़कर नहलाने के लिए आएगी। बाप की गोद में बैठकर कामाक्षी उनके झगड़े को देखेगी। लक्ष्मी इसकी भी याद करती है।

कामाक्षी पिताजी की ध्वनि पर आराम से सो जाती है और लक्ष्मी कमरे के एक कोने में। नन्ही लक्ष्मी की बातों में किसी को मज़ा नहीं आता था।

''चुपकर, सो जा''—भाई का गर्जन अब भी उसके कानों में गूँज उठता है।

सुबह कामाक्षी को पीटने की बात मन में रखकर वह सो जाएगी। मौका पाकर वह ऐसा करेगी भी।

नहर के पास झुरमुट है। लक्ष्मी उसे हमेशा पसंद करती थी। घर लौटने पर

पूछेंगे—कहाँ गई थी। फिर झगड़ा हो जाएगा। कामाक्षी से मेल-जोल करने की मनाही है। इस प्रकार वह झुरमुट के फल वगैरह तोड़कर खाती थी।

एक दिन कामाक्षी ने क्रुद्ध होकर लक्ष्मी से कहा—"अरी नसूड़ी, तेरा जन्म नक्षत्र अमंगल पूराडम है—बाप की बर्बादी करने वाली।"

लक्ष्मी को यह असहनीय लगा। उसने कामाक्षी की पीठ खरोंच दी। कुट्टिअम्मा के पास आकर उसने शिकायत की।

"तूने क्यों खरोंचा उसे ?"

"मुझे माँ की हत्यारी कहा था।"

"नसूड़ी, तेरा सिर देखते ही वे चल बसे थे !"

लक्ष्मी उस झुरमुट में चली गई। उसने सोचा मेरे भी माँ-बाप थे। वे मर गए। काश ! वे होते तो मैं भी कामाक्षी के समान उनके साथ बैठकर खाना खाती। उसने वह शब्द दुहराया "नसूड़ी।"

कामाक्षी और लक्ष्मी प्राथमिक पाठशाला में भर्ती की गईं। उधर उसने सबको पीटा, मास्टर ने दंड दिया। सहपाठियों ने चौड़े नाकवाली, भूत, काली कलूटी आदि गालियाँ भी दीं। वह झुरमुट में जाकर राहगीरों को मुँह खोले अपलक देखती हुई छिपी बैठी रही। पाठशाला नहीं गई। राहगीरों ने उसके हाथ ताड़ पात्र को देखकर खिल्ली उड़ाई। उसको लगा कि वे उसकी नाक के बारे में कहते हैं। इसलिए उसने नाक खरोंच ली। उससे बहे खून को अपने काले शरीर पर मल लिया।

उसने रात को पितृवात्सल्य पाने वाली कामाक्षी को ताका। उसका मुख कोमल था। बाल काले, घुँघराले और लंबे थे। शरीर स्वर्ण वर्ण का है।

उसने कामाक्षी की नाक पर घूँसा मारा। मुख पर कालिख रगड़ दी।

कामाक्षी प्राथमिक पाठशाला से स्कूल गई। किताब लेकर स्कर्ट पहनकर जाती है। लक्ष्मी यह दृश्य देखती रहेगी। कामाक्षी की पेंसिल तोड़ने, स्कर्ट फाड़ने और किताब आग में डालने पर दीदी ने लक्ष्मी को कठिन दंड दिया। लक्ष्मी घर के कामकाज के लिए नियुक्त हो गई। उसने हाँडी में पेशाब कर दिया और बर्तन तोड़ दिये।

सातवें दर्जे की परीक्षा के दिन कामाक्षी स्कूल जाने की तैयारी में थी। लक्ष्मी ने मुट्ठी बाँध कर चेतावनी के स्वर में कहा—"तू इस साल फेल हो जाएगी।" वह रोने लगी। दीदी ने उसे गालियाँ दीं। लक्ष्मी ने भी कुट्टिअम्मा को गालियाँ दीं। कुट्टिअम्मा का पति लक्ष्मी को पीटने आया। लक्ष्मी ने कामाक्षी को पीटा।

उसके केश करीब बीते भर लंबे थे। उनको सँवारना, टीका लगाना, मुँह के तीन पंक्तियों वाले दाँतों को ठीक-ठाक करना आदि काम वह नियमित रूप से करती थी। नारियल के पत्ते तोड़कर वह शरीर साफ करती थी। किंतु उसका शरीर गोरा नहीं बना। फिर रेशे का परीक्षण किया।

मावेलिक्करा का एक आदमी आया, उसने लक्ष्मी से शादी करने की बात

उठाई। वह एकदम काला था। सुंदर न था। वह सरकारी नौकरी में भी नहीं था।

लक्ष्मी ने दीदी से कहा–"अपनी लड़की दो। इस पर यन (एक निम्न जाति विशेष) को मैं पसंद नहीं करती हूँ।" शादी तय करने के लिए और भी लोग आए। लक्ष्मी सोचने लगी–उनमें से किसी से कामाक्षी की शादी क्यों नहीं करवाते हैं। कामाक्षी को ही वे पहले पसंद करते हैं। मेरी बात उसके बाद ही आती है। शादी का जिक्र आए तो वह दीदी को गालियाँ सुनाएगी।

लक्ष्मी के बाप के भाँजे ने कामाक्षी से शादी की। लक्ष्मी सोचने लगी–"अगर मेरे माँ-बाप रहते..."

कामाक्षी अपने पति के साथ चली गई। सहेली विवाहित होकर जा रही थी। लक्ष्मी ने यह दृश्य देख लिया। फिर लक्ष्मी से शादी करने के लिए कोई नहीं आया। पहले तो दूल्हों की भीड़-भाड़ थी। लक्ष्मी उसके कारणों पर दिन-रात सोचने लगी। मुझे किसी ऐरे-गैर के साथ भेजना, फिर भाँजे से कामाक्षी की शादी करा देना और इस प्रकार आरोपों से बचना–यही उनकी योजनाएँ थीं। इसीलिए भाई कई लोगों को बुलाया करते थे।

लक्ष्मी के पास अच्छे कपड़े-वपड़े नहीं हैं। जब कामाक्षी इधर थी तब मिलते थे।

उसने दीदी को पीटा। रसोई में जाकर हाँडी-बर्तन तोड़ दिए।

कामाक्षी के पति को लक्ष्मी के प्रति तरस आया। उसने सोचा कि लक्ष्मी को अपने दफ्तर ले चलें। उधर कई लोगों से उसने बातें कीं।

कामाक्षी से मिलते समय लक्ष्मी रोकर कहेगी–"अगर मेरे माँ-बाप रहते..."

कभी-कभी वह इस प्रकार भी सोचती थी–"हे भगवान, ऐसी स्थिति ?"

लक्ष्मी ने पड़ोसियों से कहा कि कामाक्षी ने उसे ज़हर देने की कोशिश की है। उसने कुछ लोगों से यह भी कहा कि कामाक्षी का व्यवहार संतोषजनक नहीं है।

एक दिन कामाक्षी का पति सो रहा था। लक्ष्मी अचानक उसकी सेज के निकट अर्धनग्न होकर गई। किंतु उसे लगा कि वह जगह जहाँ वह खड़ी हुई थी, गरम है। फिर वह दौड़कर कहीं छिप गई।

उस स्थान से भी वह चली गई।

लक्ष्मी के बाल झड़ गए। अधरों पर दाग आ गया। शरीर मोटा हो गया।

दीदी ने लक्ष्मी को उधर आने नहीं दिया। फिर वह मंदिर में बसने लगी। सुबह सात बजे वह नहाएगी। दस बजे तक नाम जप करती हरेगी। मंदिर से चावल लेकर खाएगी। कई दिन यों गुज़रे। लोग उसको योगिनी पुकारने लगे।

लक्ष्मी ने परिवार की संपत्ति से अपना भाग ले लिया। उसने ज़मीन दीदी के पति को बटाई पर दे दी। वह कभी-कभी लक्ष्मी को कुछ पैसे देते थे। फसल के अवसर पर हिसाब की बातें करते थे।

लक्ष्मी दीदी की सहमति के बिना उनके घर में रहने लगी। फिर वह माँ-बाप के बारे में सोचने लगी। 'मेरे पिता, मेरी माँ।' वह दिन-रात ये शब्द रटने लगी। उसने हर पल उनका ध्यान किया।

दीदी को उसने हँसिया दिखाया।

लक्ष्मी की कथा सब कहीं फैल गई। परिवारों की छोटी सभाओं में उसका जिक्र आया। उसके नाम के साथ कई पुरुषों के नामोल्लेख हुए। उसकी बहन ने ही कहा था न ? क्या वह झूठ हो सकता है ?

वह फिर मंदिर चली गई। मंदिर में एक पुरुष व्रत लेकर नाम जप के लिए आया था। पुरुष की दृष्टि उस पर पड़ गई। उसे भी वह भरोसे का लगा। दोनों की प्रबल इच्छा थी वे किसी तालाब में एक साथ नहा सकें। एक साथ प्रार्थना कर सकें। इसके पहले किसी भी पुरुष ने उसकी ओर नहीं देखा था। उसे ध्यान भी नहीं कि किसी ने उसका ख़्याल किया था। यह एक नया अनुभव है। वह पुरुष दुपहर को भागवत का पारायण करता था। वह सुनती थी। वे परिचित हो गए। उन्होंने परस्पर बातें कीं। पुरुष ने वादा किया कि वह उससे शादी करेगा। वह भी राजी हो गई।

वह आदमी चला गया। फिर कुछ अता-पता नहीं चला। जाने के दो दिन पहले उसने उधर के लोगों से भी बातें की थीं। लक्ष्मी ने यह देख लिया था।

उसके पास एक छोटी-सी पेटी है। उसमें वह हर दिन काग़ज़ का एक टुकड़ा डालती थी। सब चिट्ठियाँ हैं। 'पतिदेव', 'प्राणनाथ'—इस प्रकार के संबोधन की कई चिट्ठियाँ। जिस दिन वह नब गई थी, उस अविस्मरणीय दिन के बारे में उसने उसका अटपटा और दयनीय वर्णन किया था। काग़ज़ के उन टुकड़ों पर अश्रुकण टपक पड़े हैं। उस पुरुष की प्रतिज्ञाएँ आज भी उसके कानों में गूँज उठती हैं। गौण घटनाओं का वर्णन उसने उन चिट्ठियों में किया है।

पड़ोस के घर का एक आदमी भागवत लेकर आया। कई दिन गुज़रे एक दिन वह गायब हो गई। दीदी का पति उसकी तलाश करने लगा।

पूरा प्रांत क्रुद्ध हो गया। भागवत पारायण करने वाला आदमी भी गायब हो गया है।

लक्ष्मी भी लौट आई। वह तीर्थाटन के लिए गई थी। दीदी ने उसे घर में घुसने न दिया। उसके बटाई की कमाई उसकी तलाशी के हिसाब में लगा दी गई। मंदिर से प्रसाद भी न ले पाई। तीर्थाटन में उसका एक साथी था। वह अब उसी से जा मिली। उसने सहायता की।

लक्ष्मी मंदिर आई और उस आदमी से निवेदन किया कि वह उसे पत्नी के रूप में स्वीकारे और घर ले जावे, उसने ऐसा नहीं किया। फिर भी लक्ष्मी ने उससे प्रेम किया।

"आप किसी दूसरी औरत से शादी करेंगे" लक्ष्मी ने कहा।

"नहीं।"

लक्ष्मी ने उस आदमी से प्रेम किया। वह गर्भिणी हो गई। उसने लक्ष्मी को छोड़ दिया।

नियमित रूप से स्नान और जप हुए। भोजन नहीं मिला। मंदिर में काम करने वाला पट्टर (ब्राह्मण) एक दिन लक्ष्मी के पास आया। उसने अपना ह्रदय उस पट्टर को समर्पित किया। स्वामी ने उसे चावल दिए। उसको पुराण की कहानियाँ सुनाईं। यों उसकी और स्वामी की दोस्ती हो गई। लक्ष्मी की सारी जायदाद स्वामी ने अपने नाम पर लिखा ली।

मंदिर के पास की झोंपड़ी में उसका प्रसव हुआ। सुबह एक दृश्य दिखाई दिया—एक जिंदा बच्चा उसकी लाश के पास पड़ा रो रहा था।

इन्सान

एक भिखारिन अपने बच्चे के साथ चल रही है। गर्भधारण की शक्ति उसे क्यों मिली ? वह बच्चा क्यों पैदा हुआ ? क्या वह ज़रूरी था ? हर आदमी के मन में ऐसे संदेह सहज ढंग से पैदा होते हैं।

उस बच्चे को गौर से देखें तो एहसास होगा कि उसका जन्म ज़रूरी था। उसका अस्तित्व सार्थक है तथा उद्देश्यपूर्ण है। क्योंकि वह एक मानवशिशु है। उसके सारे अवयव हैं। आँख, नाक, हाथ-पैर सब कुछ हैं। वह हँसता-रोता है। वह कुछ चीज़ों को पसंद करता है और कुछ को पसंद नहीं करता है।

मान लो कि उसका जन्म उद्देश्यपूर्ण है। ऐसी हालत में जीवन के लिए उसकी देन क्या हो सकती है ?

उस औरत की सूखी छाती से उस बच्चे ने कई दिनों उसका जीवनरक्त चूसकर पिया था। भीख माँगने में जो कुछ मिलता था उसका हिस्सा उसने बच्चे को दे दिया। इतना ही नहीं। चूँकि वह बच्चे को उठाकर चलती थी इसलिए सारी जगहों से उसे कुछ न कुछ भीख मिलती थी। उस माँ के मन में उस बच्चे के बारे में कितनी कामनाएँ हैं ? कुछ पता नहीं। कई दिनों तक वह लड़का माँ का हाथ पकड़कर चला। फिर बाद में अपने आप चल सका। एक दिन दोनों अलग-अलग रास्तों पर भीख माँगने चले गए। शायद फिर उनकी मुलाकात नहीं हुई होगी। उस माँ ने और बच्चों को जन्म दिया होगा। कदाचित् पहले बच्चे को भूल भी गई होगी।

बार-बार खाने पर भी संतुष्ट न होनेवाला पेटू छोकरा। उसका पेट ज्यादा बड़ा हो गया। नसें उभर आई हैं। एक तिल फेंक दें तो वह पेट फट जाएगा ऐसा एहसास होता है। तब भी वह खाना चाहती है। कोई भी चीज़ खाएगी। हर वक्त खाएगी। वह कभी भूखी नहीं रहती है।

उसको खाने की कमी नहीं है। वह सोचती भी नहीं है कि खाना कहाँ से

मिलता है। वह जिधर भी जाती है उधर से भरपेट खाना मिलता है। जूठन के कूड़े से उसे खाना मिलेगा। चबाकर छोड़ा गया सजना का टुकड़ा, नाले से बह आए केले का छिलका–ऐसी सारी चीज़ें वह खाएगा। उसके लिए क्या अकाल है ? जिस रास्ते से चलता है उधर से खाना मिलता है।

शायद उसकी जीभ को स्वाद का पता नहीं है। हो सकता है स्वाद पहचाने बिना भी आदमी जिंदा रह सकता है ! जो भी हो, कॉफी की दूकान के द्वार पर वह लालच से खड़ा नहीं होता।

मनुष्य के रूप में जन्म लेकर मनुष्यों के साथ पल-बढ़कर क्या सिर्फ खाकर रह सकता है ? ऐसी-वैसी चीज़ें खाना, हमेशा खाना, बिना लालच के रहना, कभी भी संतुष्ट न होना, क्या सिर्फ खाने के लिए जन्म लिए मनुष्य भी होंगे ?

वह किसके बारे में सोच रहा है ? क्या उसे सोचने की शक्ति है ? वह हमारी ही भाषा में बातें करता है।

लगता है कि दौड़धूप करके खाने का समय खतम हो गया है। वह एक स्कूल के कमरे के पीछे पहुँच गया। उस कमरे में बैठकर छात्र खाना खाते हैं। पता नहीं कैसे वह इधर पहुँचा। उधर सात-आठ कुत्ते खड़े थे। उसको देखकर वे कुत्ते दाँत निपोरने लगे। उसने एक छोटी-सी छड़ी ली। जूठन का एक पत्तल उसके सामने गिर पड़ा। उसमें भात गिरने लगा। दूर खड़े होकर कुत्ते असंतोष प्रकट कर रहे थे। डर की वजह से वे नज़दीक न आ सके। यों उसने उधर अपना मनुष्यत्व स्थापित कर लिया। कुत्ते उधर से भाग गए। सारे छात्र उसे एक-एक कौर देते रहे। उधर खड़े होकर उसने वे कौर बटोरना भी सीखा। एक दिन पहले ही वह एक बड़ा पत्तल तैयार रखेगा। अगले दिन वह खोलकर रखेगा। तब उसका हिस्सा उसमें गिरने लगेगा। फिर वह उसके सामने ही बैठेगा।

उसे ज़रूरी खाना मिलता रहता है। छात्रों ने उसको बहुत पंसद किया। एक छात्र ने उससे पूछा–"तेरा नाम क्या है ?"

उसने दाँत निपोरते हुए कहा–"आ"

उसे नाम लेकर पुकारना मुश्किल है। करोड़ों लोगों में से उसे पहचानने के लिए एक नाम ज़रूरी है न ? उसे अब तक नाम की ज़रूरत नहीं पड़ी है। दुनिया को भी उसकी ज़रूरत नहीं पड़ी है।

एक दूसरे छात्र ने पूछा : "क्या तेरी माँ हैं ?" दाँत निपोरते हुए उसने उस प्रश्न के लिए भी 'आ' उत्तर दिया। उसकी माँ है या नहीं। वह कैसे उत्तर दे सकता है ? माँ शायद होगी या नहीं होगी !

सारे छात्रों ने मिलकर अपनी जरूरत के लिए उसे एक नाम दिया। यों ज़रूरी

होने पर उसे एक नाम मिला।

कई दिन गुज़रे। उसमें कुछ परिवर्तन आए। वह अब स्वाद जानता है। उसे कुछ खाते हुए देखना है। तब इस बात का पता चलेगा। जूठन के पत्तल के कुछ भागों को वह बड़े चाव से चख लेता है। मिलती चीज़ों में से कुछ को उसने छोड़ना सीखा।

किसी ने उसे एक धोती दी। वह मिलने पर वह फूला न समाया। इतना ही नहीं उसे धोती पहनना आता है। वह उधर मजे से रहता था। बाद में उसे भी कुछ प्रतियोगिताओं का सामना करना पड़ा। एक बुढ़िया उधर पहुँच गई। वह नाराज हो गया। छड़ी लेकर वह बुढ़िया के पास आया। कुछ छात्रों ने यह दृश्य देखा। अगर वे न देखते तो बुढ़िया को वह मार डालता।

जूठन का एक हिस्सा अब बुढ़िया को मिलने लगा। उसने बर्दाश्त किया। और कोई चारा नहीं था।

कुछ दिनों के बाद एक अंधा भी उधर आया। फिर एक कोढ़ी भी। यों चार आदमी उधर रहने लगे।

बुढ़िया अपनी राम कहानी कम शब्दों में बताएगी। कोढ़ी के शरीर में हर कहीं चोट है। उससे खून आता है। अंधा रुक-रुककर उधर आता है। उसके सामने पड़नेवाला जूठन दूसरे लोग हड़प लेंगे।

एक छात्र ने कहा—"वह आदमी मोटा है। शरीर ठीक है। कुछ भी गड़बड़ नहीं है। आँखों से देख भी सकता है। वह काम करके जीवन बिता सकता है।"

दूसरे छात्र उससे सहमत हो गए। एक ने कहा हम उसको जूठन देते हैं—यह ठीक नहीं है। इस आदत को बदलना है।

यों उधर के जूठन बुढ़िया, अंधा और कोढ़ी के सामने गिरने लगे।

उसने जानबूझकर उस दिन खाने के लिए भीख माँगी थी। थाने के आँगन में कैदियों को खड़ा किया है। उन्हें कप्पा कंद और कंजी दे रहे थे। बाड़े के उस पार से उसने वह दृश्य देख लिया। कप्पा के टुकड़े पत्तल से पेट में जा रहे थे। उसकी आँखें इनके अनुरूप ऊपर-नीचे उठती-गिरती रहीं। उसके मुँह में पानी भर गया। उसके भाव से लगता था मानों तुरंत वह भीतर घुसने को तुला हुआ हो।

कैदी उठकर कतार में नीचे उतरने लगे। वह दौड़कर नज़दीक आया। आगे आए कैदी के सामने उसने हाथ पसारा। उसने कप्पा का टुकड़ा हाथ में फेंक दिया। अब कंजी है। उसके लिए बर्तन नहीं है। पल भर के लिए वह घबरा उठा। वह उधेड़बुन में नहीं था। उसकी अक्ल काम कर रही है। आँखों से यह बात स्पष्ट हो गई। उस छोटे सिर में तेज़ प्रतिक्रिया चलती है। पहले कैदी की कंजी लेनी

है। दूसरा कैदी जूठन दिखा रहा है। उसने एक उपाय ढूँढ़ा। उसने कप्पा नीचे रखा। फिर एक गड्ढा खोदा। कप्पा एक पत्तल में था। वह पत्तल उसने गड्ढे में रखा। आगे भी पत्तल मिला। तब दूसरा गड्ढा खोदा। ढेर के समान उसे कप्पा और कंञी मिलने लगे।

वह थाने के आसपास ही रहता है। बहुत मजे से रहता है। सुबह, दुपहर और रात को कैदियों को खाना मिलता है। जेल के भीतर पड़े उन कैदियों को लगातार मारपीट मिली है। उनके शरीर पीले पड़े हैं। इतना ही नहीं, उन्हें घटिया खाना ही मिलता है। एक भी कैदी वह नहीं खाता है, खा नहीं सकता है। इसलिए उसका सौभाग्य था। अठारह बार चोरी के लिए पकड़े गए कैदी ने उससे पूछा—"यह जूठन लेकर खाने में क्या तुझे शरम नहीं आती ?"

उस प्रश्न का उत्तर वह समझ न पाया। एक दूसरे प्रसंग में दूसरे कैदी ने पूछा, "अरे क्यों बाहर रहकर खाता है ?"

उसको पता नहीं चला कि वह एक निमंत्रण हैं। फिर एक तीसरे कैदी ने पूछा—"यार तू इंसान की औलाद है। कुत्ता नहीं।"

उस कथन का अर्थ भी उसके पल्ले नहीं पड़ा।

लगता है कि कानून को तोड़नेवाले उन लोगों ने सोच-विचार कर एक निर्णय लिया है। एक दिन उन्होंने उसे कप्पा का एक भी टुकड़ा नहीं दिया। एक बूँद कंञी भी नहीं दी। उन्होंने पूरा जूठन फेंक दिया।

वह भूखा रहा। अभाव ने उसे घूरकर देखा। उसे खाना नहीं मिला। तब वह खाने की खोज में निकल पड़ा। पेट चिपक गया। वह खाली था। भीख माँगते माँगते वह घर और दूकानों में गया। दूकानदारों ने उसके शरीर पर गरम पानी डाला। "मोटा आदमी है, काम नहीं करता है।" यों फटकारते हुए घरवालों ने उसे भगा दिया। तब दाँत भींचते हुए गुस्से में आकर वह कुछ कहता था।

पता नहीं क्यों अब वह जूठन के कूड़ों की ओर नहीं लौटा। क्या पहले वाली स्थितियाँ वहाँ नहीं हैं ? पेट भरने की सामग्रियाँ उधर से नहीं मिलेंगी ?

वह भयानक आग कैसे बुझ पाएगी ? वह पल भर भभकती है। उसके निशान चेहरे पर दिखाई पड़ते हैं। उसकी अकल काम करती है। उसकी भी अपनी योजनाएँ होंगी !

वह मारा-मारा फिरता है। सारे लोग पूछते हैं—"क्या तू कुछ काम नहीं कर सकता ?" क्या इस प्रश्न का अर्थ वह समझ सकता है ? कुछ पता नहीं। भींचे हुए दाँतों से गुस्से भरी आवाज़ यों बाहर आती है—"कौन सा काम ?"

वह भूख नहीं सह सकता। इस अभाव को बर्दाश्त नहीं कर सकता। कब, कैसे, कौन-सी चीज़ भरपेट खाने के लिए मिलेगी ? उसका भाव पूरा बदल गया। उस जानवर को देखते ही डर लगेगा। किस अनुभव ने उसे यों एक भयानक आदमी

बनाया है ? इस प्रश्न का उत्तर मिलना मुश्किल है।

वह जिंदा रहता है। उसका अपना शरीर है। खाने की चीज़ें मिलना उसकी ज़रूरत है। किंतु कहीं से उसे खाना नहीं मिलता है।

इस जिंदगी का मतलब क्या है मकसद क्या है ? क्यों उसे यह शरीर दिया। उस शरीर को मज़बूत बनाने की भूख भी : क्या उसके खाने की चीज़ें इस दुनिया में नहीं हैं ? तो इस जिंदगी का कोई मतलब नहीं है। तब क्या इसका मतलब यही है कि उसका अस्तित्व खो जाना है ? यानी कि एक मोटे-मज़बूत आदमी को मरना है ! वह एक नुकसान होगा न ? क्या मोटापा और ताकत फालतू है !

उसे जेल की सजा मिली। वह एक बड़े घर की रसोई में घुसा। हाँडी में रखा खाना खा लिया। लोग उसके पास आए। तब भी वह नहीं भागा। खाना बंद नहीं किया। मगर उसे भरपेट खाने नहीं दिया गया।

यों एक बात पक्की हो गई। दिन में तीन दफे खाना मिलेगा।

अदालत में कुछ कार्रवाइयाँ हुईं। किंतु कुछ भी उसके पल्ले नहीं पड़ा। सुना कि उसे सजा मिली ! अवधि पूरी होने पर उसे रिहा कर दिया गया। उसे पता नहीं चला था कि वह रिहा होनेवाला है।...वह प्रश्न फिर एक बार उसे घूरता रहा। उससे बचने का मार्ग वह जानता था। इस बार वह प्रश्न इतना गंभीर नहीं बना था। एक बात पर उसे ध्यान देना है, उसकी पिटाई न हो।

चोरी के कई कसूरों में वह मुजरिम बन चुका था। जेल के बाहर बिताए दिन बहुत कम हैं। इस दुनिया में जेल को छोड़कर और किसी से उसका कोई ताल्लुक नहीं है। बाहर कौन-सी मोहक चीज़ है ? कुछ भी नहीं।

इस बार फैसला सुनानेवाले जज ने कहा—इस तरह के मुजरिम किसी भी प्रकार की मेहरबानी या छूट के लायक नहीं हैं।

फैसला पढ़ने के बाद जज ने उसके चेहरे को देखा। उसका भाव तनिक भी नहीं बदला है। कानून का सख्त रूप कभी भी इतना फालतू नहीं बना था। उसे अदालत की मेहरबानी नहीं चाहिए।

एक समाजशास्त्री के समान जज ने आगे कहा—"मुजरिम के पास अतिमानुष की शारीरिक शक्ति है। वह उस शक्ति का दुरुपयोग कर रहा है। वह अपराध है। उसने चोरी को एक पेशा बनाया है। वह काम करके गुजारा चला सकता है।"

इतने में बादलों के गरजने की सी एक आवाज़ सुनाई पड़ी।

"क्या काम है—कौन सा काम है ?"

जज चौंक उठा। उन्होंने मुजरिम को घूरकर देखा। इस पाप भरी व्यवस्था की सृष्टि एक राक्षस का आकार धारण करके उनके सामने सीधे खड़ी है। इस व्यवस्था ने इन्सानियत का ख्याल नहीं किया है। उसका प्रत्यक्ष लक्ष्य उन्हें ताक रहा है। वह हजारों प्रश्नों को आत्मसात करता है। उसे दोषी ठहराने के लिए इस व्यवस्था का क्या हक है ? मानव समाज को उसकी देन की जरूरत है। वह महिमामय 'मानव' है। उसको छोड़ देने के लिए इस व्यवस्था का क्या हक है ?

जज ने बड़ी तकलीफ से फैसला सुनाया—बारह साल का कारावास।

उसकी मुस्कान में हेय भावना थी। उसने अपने होठों को टेढ़ा कर दिया। उस आवारे छोकरे पर अधिकार जमाने के लिए समाज नहीं था। आज उसे कसूरवार बनाने के लिए जज है।

वह कुछ बड़बड़ा रहा था।

जीवन का एक पन्ना

यह मेरे जीवन का एक पन्ना है। जब मैं वकील था तब मुझे एक मुवक्किल मिला था। तकरीबन अठारह साल की एक लड़की। अगर वह कायदे से रहनेवाले एक परिवार की होती तो वह बहुत खूबसूरत होती। घने बालोंवाली लड़की थी। गोरी थी। सुंदर मुख था। किंतु उसके जीवन में कुछ गड़बड़ी आई थी। इसलिए वह मुख कांतिहीन बन गया। वकालत के लिए वह मेरे पास आई थी। अपने वकील-जीवन के दौरान अमीरों के मामले मुझे नहीं मिले थे। यह लड़की आलप्पुषा के एक मशहूर मज़दूर नेता की चिट्ठी लेकर मेरे पास आई थी।

वह लड़की आलप्पुषा की एक दूकान में ताड़ी बेचनेवाली थी। उसके जिम्मे के कमरे में ज्यादा बिक्री भी हुई थी। कोट्टयम या पाला के कुछ अमीर युवक एक दिन रात को उसके कमरे में ताड़ी पीने के लिए आए थे। दस बजे के बाद वे कार में आए थे। उन्होंने ताड़ी पी ली। फिर कुछ घटनाएँ घटीं। कलारिन और युवकों के बीच झगड़ा हुआ। हथियार लेकर मारने-पीटने की स्थिति आई। लड़की के पेट पर छुरी लगी। तब मामला गंभीर हो गया। पुलिस आई। उसने लड़की का बयान लिया। फिर उसे अस्पताल भेजा। तब तक जालिम ओझल हो गए थे। किसी होशियार आदमी ने कार का नंबर नोट कर लिया था। इस स्थिति में पुलिस को अनमना-सा होकर अपराधियों का नामोल्लेख करना पड़ा। अगर वह नंबर पुलिस को न बता देता तो पुलिस की जानकारी के साथ अपराधी बच जाते। बाद में खुद अपराधियों से मुझे यह जानकारी मिली थी। संक्षेप में बात यह थी कि उस बेचारी लड़की को घायल करके अपराधियों ने सीधे थाने में शरण ली थी। जो कुछ करना था वह सब करने के बाद वे चले गए।

कई दिनों तक वह लड़की अस्पताल में थी। चोट शांत हो गई। मुवक्किल के रूप में अदालत में आ रही है। ऐसे मामले चलाना पुलिस का ही दायित्व है। उस लड़की को पुलिस की पैंतरेबाज़ी पर संदेह हुआ। तब उसने तय किया कि मामला ठीक तरह से चलाना है। अपराधियों को सजा दिलानी है। इसके लिए

एक अच्छे वकील को मामला सुपुर्द करना है। मेरे दोस्त ने उसे एक चिट्ठी दी थी। यों वह मेरे पास आई है।

बारह-तेरह साल की आयु में वह ताड़ी की दूकान में काम करने लगी थी। जब सोलह साल की हो गई तब उसने एक कमरा खरीद लिया। अच्छी-खासी बिक्री भी थी। किंतु खर्च के बाद जो मुनाफा मिला था वह सब अस्पताल में खर्च करना पड़ा। मेरे पास आते समय उसके पास एक कौड़ी तक नहीं थी और पैसा कमाने के लिए स्वास्थ्य भी ठीक नहीं था। किसी दूसरी दूकान में भी वह काम नहीं कर सकती थी। मामला चालू हो गया। पहले मुजरिम को सजा मिली। अन्य मुजरिमों को छोड़ दिया गया। सही मुजरिमों ने किराया देकर एक आदमी को अपने काबू में कर लिया था। वही आदमी पहला मुजरिम था। वकालत के लिए मुझे अच्छा पारिश्रमिक नहीं मिला था। किंतु मैं जीवन को सीख सका। कुछ समस्याएँ समझ सका। वह एक बहुत बड़ी उपलब्धि है। वकील जीवन के दौरान इस प्रकार के कई अनुभव हुए थे। एक लेखक के रूप में वे मूल्यवान अनुभव हैं। कुछ साल और गुज़रे। मैं वह मामला भूल गया था। एक दिन एक औरत मेरे दफ्तर में आई। उसके हाथ में एक बच्चा भी था। मामला आगे चलाना है। सादर मेरे सामने आकर उसने नमस्कार किया। एक परिचित चेहरा है। मैं समझ न पाया कि यह औरत कौन है। अच्छे कपड़े पहने हैं। कुछ गहने भी हैं। थोड़ी खूबसूरत भी है। तब भी कुलीन नहीं कह सकते। परिचय का एहसास करती है। मैं वकील हूँ न। तब परिचित- सा व्यवहार करना है। मैंने बहाना किया। किंतु वह मेरे ढोंग को समझ गयी। उसने फटाफट कहा—"आप मुझे पहचान नहीं पाए।"

मैं जरा बेवकूफ-सा बना। मैंने साहस नहीं छोड़ा—"हाँ मैं पहचान गया।"

"नहीं मैं...हूँ"

उसका पूरा मामला मुझे याद आ गया। मैं उसका पूरा जीवन जानता हूँ न। अपनी भूल को छिपाते हुए मैंने कहा—मैं पहचान गया। तू यह न मान कि मैं समझ न ही सका हूँ। तेरी तबीयत कुछ ठीक हो गई है।

उसने कहा—"मैं अब एक शाखा दूकान चलाती हूँ।"

"अब क्यों आई है—बोल।"

वह एक लंबी कथा सुनाना चाहती थी। उसने एक आदमी से प्यार किया। उस आदमी ने समझाया था कि वह उससे प्यार करता है। औरत ने उस बात को मान लिया। उसने बहुत धन कमाया। औरत ने कसम खाकर कहा कि उस आदमी के आगमन के बाद वह सही ढंग से एक पत्नी के रूप में रही थी। औरत की बात सही होगी या गलत भी हो सकती है। जो भी हो चार-पाँच साल तक वे एकसाथ रहे। औरत ने आगे कहा कि उसकी तमाम कमाई को लेकर वह उसे छोड़कर चला गया। इस बीच उसे एक बच्ची भी पैदा हुई। उस समय वह आदमी

कार्तिक पल्ली में रहता था। ठीक समय पर दूकान की किस्त अदा न कर सकी। यों वह शाखा दूकान भी नष्ट हो गई। एक बंजर भूमि में झोंपड़ी बनाकर रहती थी। शाखा दूकान भी उधर थी।

उसने पूरी कथा सुनाई। असल में वह संकट में थी। किंतु मुझे कुछ सूझ नहीं रहा था कि इस वक्त क्या करना है।

मैंने उससे पूछा इसके लिए अब क्या करना है ? वह भी नहीं जानती थी कि क्या करना है। वह अपने मन का दुःख बता रही थी। मुझे हल ढूँढ़ना है। मैंने बताया कि एक दूसरे दर्जे की मजिस्ट्रेट अदालत उसकी शिकायत का हल कर सकेगी। बच्चे और उसको गुज़ारा मिलना है। इसके लिए याचिका दायर करनी होगी। उसके लिए आलप्पुषा की अदालत में जाना होगा।

उसने कहा–उस आदमी को आप बुलावें। मेरी उपस्थिति में उनसे सवाल पूछकर आप उन्हें वापस भेज सकते हैं।

मैं समझ न पाया कि उससे क्या नतीजा निकलने वाला है। एक जाली मामला बनाकर शिकायत दायर कर सकते हैं। सम्मन्स या वारंट के मुताबिक उसको बुला सकते हैं। वह आदमी अपना मामला किसी वकील को दे देगा। उस वकील से भी सलाह-मशविरा कर सकेंगे। हम दोनों वकील पास-पास बैठेंगे। आप दोनों की तमाम बातें हम कहलवा सकेंगे। मैं समझ न सका कि उस हालत में भी इस औरत के दुःख का क्या हल हो सकता है। कुछ कहकर एक हिस्सा इस औरत को देने के लिए कह सकेंगे। वह आदमी उस प्रस्ताव को शायद नहीं मानेगा। उसका वकील भी इस बात का समर्थन नहीं करेगा। उस औरत को समझाते हुए कई बातें कहीं। तब भी वह नहीं जाती है। एक याचिका लिखनी है। गुस्से में आकर मैंने उससे बाहर जाने को कहा। मेरे लिपिक ने सारी बातें सुनकर कहा कि एक उपाय हो सकता है। उसने एक याचिका लिखी। औरत ने फिर उस शिकायत पर मेरी अनुमति लेने की कोशिश की। फीस नहीं मिलेगी। उस जाली याचिका दायर करनी है। अंत में उस लाचारी में फँसने के लिए मैंने सहमति दे दी। लगता है कि मेरे अंदर का साहित्यकार और मेरा लिपिक इसके लिए जिम्मेदार थे।

उसने शिकायत पर अच्छा बयान दिया। शिकायत यह थी कि आदमी ने गहनों की चोरी कर ली थी। सफेद झूठ था। अगली छुट्टी के बाद अभियुक्त हाजिर हो गया। वह हरिप्पाड़ से एक वकील को भी साथ ले आया था। पहली छुट्टी के दौरान ही मैंने उस वकील से बात की। मुजरिम जमानत देकर बाहर आया था। उसके बाद भी मेरे दफ्तर में समझौते की चर्चा हुई। मुजरिम का वकील तथा यह औरत एक साथ दफ्तर में खड़े थे। इस वक्त मैंने औरत का मतभेद समाप्त करने की कोशिश की।

औरत की बात एक बड़ी हद तक ठीक थी। चार-पाँच साल तक वे दंपति

के रूप में रहे। औरत के चाल चलन के बारे में उसको शिकायत नहीं है। वह बच्ची भी उसकी है। उसने औरत के पैसे की चोरी नहीं की थी। घरेलू जीवन में उससे खर्च हो गया था। पैसा खतम होने पर आदमी को औरत गाली देने लगी। उससे नफरत करने लगी। आदमी घर छोड़कर चला गया। पति-पत्नी के रूप में रहते हुए आदमी ने भी काफी मेहनत की थी। बिक्री कम हो गई, आमदनी कम हो गई। तब मतभेद और बढ़ गये। इतनी-सी बात है।

औरत एक बात पर अटल थी—आदमी उसके साथ रहे। उसने कहा—"मुझे सिर्फ यह काम करना आता है ताड़ी बेचना। एक पुरुष का सहारा न मिलने पर मैं ताड़ी नहीं बेच सकती। एक बच्चा भी पैदा हो गया। इस आदमी को मेरे साथ रहने में क्या हर्ज है ?"

मुजरिम का वकील यह दलील समझ न पाया। किंतु मैं भलीभाँति समझ सका। आलप्पुषा की दूकान में हुए अनुभव से औरत ने एक सबक सीखा था।

मैंने एक लंबा भाषण दिया। इस तरह आदमी को औरत के साथ भेजने का प्रयास किया। बाप और बेटी के रिश्ते पर मैंने कई बातें कहीं। पति और पत्नी के रिश्ते के बारे में मैं वाचाल बन गया। किंतु मुजरिम के वकील ने उन बातों को नहीं माना।

कई साल गुज़रे। एक दिन मैं कार में आलप्पुषा से एरणाकुलम जा रहा था। मेरे साथ बिज़िनस वाले दो दोस्त भी थे। रास्ते में एक बाज़ार देखा। मुझे पान खाने की इच्छा हुई। कार रुक गई और मैं दूकान की ओर चला। वह जगह मेरे लिए खूब परिचित थी। बाजार और आसपास के लोगों को भी भली भाँति जानता था। दूकानदार एक नौजवान है। उसने मुझे पान दे दिया। मेरे दोस्त पास ही खड़े थे। उन्हें सिगरेट खरीदना था। मैंने पान खाया। वह खतम हो गया तो एक अधेड़ औरत आकर मेरे सामने नम्रता से खड़ी हो गई। उसने नमस्कार किया। उसने पूछा "आप किधर जा रहे हैं ?"

मैं उसको पहचान न सका। वह मेरी दुविधा समझ सकी।

"मैं हूँ...हूँ।" मेरे पास कई लोग खड़े थे। सिगरेट और पान के पैसे देने लगा तो उस औरत ने रोका—"नहीं, वह मैं दे दूँगी।"

मैंने नहीं माना। मैंने ही पैसा दिया। उसने दुःख से कहा—यह बड़ी दुःखद बात है।

"कोई बात नहीं अब तेरा हालचाल कैसा है ?" उसने एक दुःखद कथा सुनाई—"कुछ दिन पहले उसकी बेटी ने आत्महत्या कर ली। वह अठारह साल की थी। उसका एक प्रेमी था। बेटी के मन में एक संदेह पैदा हो गया। उस प्रेमी ने प्रेमिका की माँ से यौन संबंध जोड़ा है। ऐसा सोचकर उस बेटी ने आत्महत्या की थी। औरत की शाखा दूकान में रोज आनेवाला युवक था। उस युवक की दृष्टि

बेटी पर पड़ी थी। औरत ने वह कथा यह कहकर खतम की—मैंने सोचा कि मेरी बेटी को मेरे अनुभव न हों। उसके लिए मैंने कोशिश की। उस प्रयास को बेटी ने दूसरे ढंग से मान लिया। और वह ज़हर पीकर मर गई।''

मैं स्तब्ध रह गया। उस कथा का निचोड़ इस प्रकार है। वह युवक हर रोज़ बेटी को वश में करने के लिए दूकान में आता था। उस युवक से औरत को अच्छी आमदनी भी होती थी। बेटी और युवक एक-दूसरे को चाहते थे। किंतु बेटी को उसे देने को वह अनुभवी माँ तैयार नहीं थी। उस युवक को माँ रिझाकर छोड़ती। यही कच्ची कथा है। उस औरत से विदा लेकर कार में आकर बैठा तो व्यापारी दोस्त ने मुझसे पूछा।

''भैया, क्या आप इससे भी परिचित हैं ?''

''सालों का परिचय है।''

दोस्त ने कहा, ''उसकी बेटी खूबसूरत थी।''

मैंने कहा—बहुत छोटी लड़की के रूप में मैंने उसे देखा था।

मृत्यु के बाद

पति मर गया है। यह दृश्य देखकर पत्नी बेहोश पड़ी है। उन दंपतियों का रिश्ता उस इलाके के लिए एक नमूना था। स्नेह से वे एक बन गए थे। ऐसी हालत में एक के जीवन को ऊसर बनाकर दूसरा चल बसा।

एक बात पर नियमित रूप से वे तर्क-वितर्क करते थे–कौन किसे छोड़कर चल बसेगा। पत्नी कहती थी : 'मैं यों आपको देखते-देखते आँखें बंद करूँगी।' पति तब नाराज़ होकर कह उठेगा–'अरी जा ! तेरी गोद में सिर रखकर तेरे चेहरे को देखते-देखते मैं चला जाऊँगा।' तब पत्नी को क्रोध नहीं आता। वह कहती–'देख लेंगे कि किसका वह नसीब है ?'

सिर्फ इसी बात पर वे तर्क करते थे। उनका एक अजीब जीवन था। उसमें स्नेह का प्रफुल्लित रूप दिखता था।

यों पहले पति चल बसा। पत्नी के सारे सपने मिट्टी में मिल गए। जीवन से उसका लगाव ख़त्म हो गया। पति पत्नी से प्यार करता है। पत्नी पति से प्यार करती है। ऐसी हालत में पति मर जाता है तो पत्नी के सामने जीवन के कुछ भी रिश्ते शेष नहीं रहते हैं।

पत्नी को जीवन से विरक्ति हुई। वह बेहोश पड़ी है। हाँ श्वास के ज़रिए दुनिया से उसका रिश्ता जुड़ा है। जहाँ तक इलाके के लोगों का संबंध है वह महज एक मृत्यु-घटना नहीं थी। सारे लोग ज़िंदा पत्नी के बारे में ही सोचते हैं। क्या आगे यह स्त्री ज़िंदा रहेगी ?

उसके मुख पर पानी छिड़का गया। तब आँखें जरा-सी खुलीं। पुनः बेहोश हो गयी। काफी समय तक यही स्थिति बनी रही। डॉक्टर को बुलाना पड़ा। काफी इलाज किया गया। वह खुमारी की हालत थी।

पति की अंत्येष्टि में पत्नी को कुछ भी नहीं करना है। सिर्फ आखिरी विदाई देनी है। पति के चरणों पर साष्टांग नमस्कार करना, गलतियाँ मान लेना, अब मेरे लिए कौन बचा है–ऐसा कह कर रोना आदि आमतौर पर पत्नी के अंतिम

काम हैं। यह असल में कोई कर्म नहीं, विदाई है। अज्ञात परलोक में आपस में मिलने की बातें करनी हैं। दोस्त लोग अलग होते समय बताते हैं कि हम आगे मिलेंगे। यह विदाई भी उसी प्रकार है। इतनी सी बात है। शव संस्कार के काम में भी पत्नी की कोई हिस्सेदारी नहीं है।

इलाके के सारे लोग आए हुए हैं। आम का एक पेड़ काटना है। किसे काट लें ? पश्चिमी भाग में एक आम का पेड़ है। हर साल उसमें काफी आम फलते पकते हैं। पश्चिमी भाग के घरवाले को उस पेड़ से बड़ी परेशानी है। उसके नीचे काफी ज़मीन है। उससे कुछ भी फायदा नहीं होता है। उसने सोचा यही बढ़िया मौक़ा है। वह इलाके का मुखिया और पड़ोसी दोनों है।

उसने सोचा कि किसी न किसी ढंग से इस पेड़ को काटना है। तब कुछ राहत मिलेगी। उसने सुझाव दिया। आचार के अनुसार धोबी आए। वे पेड़ काटने लगे। रोकने के लिए कोई नहीं है। उधर आम के पेड़ और भी रह गए हैं। वे बच गए।

पत्नी को यह रोकने का हक है। किंतु वह बेहोश पड़ी है।

रिश्तेदार आ गए। तब तक पेड़ लकड़ी के टुकड़े बन चुके थे। उन्हें भी कुछ बताने को नहीं था। पड़ोसी के उत्साह से सारे काम किए जा रहे थे। यह सब करना पड़ोसी की जिम्मेदारी है न ?

वह खुद गड्ढा तैयार करता है। भूसी, नारियल का छिलका, जलाने की सामग्रियाँ आदि लानी हैं। सब कुछ ठीक-ठाक चल रहा है।

लाश को नहला दिया। आचारानुसार मुँह में चावल रखा है। सारे बंधु-बांधव लाश के समीप आ गए। उधर आई इलाके की औरतों के मन में एक उत्कंठा हुई। लाश को पत्नी के सामने एक बार दिखाना है न ? उन्होंने पत्नी को पकड़ कर सीधा खड़ा करने की कोशिश की। किंतु वह बेहोशी में है और गिर जाती है। तब उस अच्छे पड़ोसी ने कहा, दवा का प्रभाव है।

औरतों के सामने वह समस्या तब भी बनी रही। सदा के लिए विदाई हो रही है न ? इतने आत्मीय संबंध रखनेवाले दंपति नहीं दिखाई पड़े हैं। चिता में रखने के पहले उनको एक बार दिखाना है न ?

डाक्टर को बुला कर कुछ देर के लिए होश संभालने की दवाई देना अच्छा होगा। कुछ औरतों ने यह राय भी प्रकट की। किंतु औरतों की राय को किसी ने नहीं माना। पत्नी अब कुछ भी नहीं करेगी और पति की लाश अब राख बन जाएगी।

लाश चिता पर रखी गई। विधिवत कर्म भी सम्पन्न हुआ।

चिता में आग लगाई। भभक उठने में आग को संकोच नहीं था। पत्नी ने दृश्य नहीं देखा। धुआँ आसमान की ओर उठा और वहाँ बिखर गया। चट चट

की कुछ आवाज़ भी सुनाई पड़ी। छाती की हड्डियाँ टूट रही हैं। खोपड़ी टूट रही है। इलाके के लोग ये सब जानते हैं। सारे कर्म समाप्त हो गए। सारे लोग चले गए। पड़ोसी ने सब कुछ करीने से कर लिया।

पत्नी अभी तक नहीं जागी है। कुछ पड़ोसिनें उसके यहाँ खड़ी हैं। वे सब कुछ छोड़कर यों चली नहीं जा सकती हैं। पत्नी ने दो-तीन बार पानी पी लिया। यह देखकर पड़ोसिनों को राहत-सी मिली। उनको लगा कि पत्नी अकस्मात् पति का पीछा नहीं कर रही है।

चिता में अच्छी लकड़ी इस्तेमाल की गई थी। आम का बढ़िया पेड़। लकड़ी तेज जल उठी। लपटें भभक रही थीं। छाती के हिस्से में रखी ज्वालाएँ बहुत चमकदार थीं। पत्नी सोयी पड़ी है।

अगले दिन चिता ठीक तरह से बुझ गई। वह स्थान राख का गड्ढा बन गया। पत्नी जाग उठी। वह खड़ी हो सकती है। उसने देखा और चल पड़ी। ज़मीन के एक कोने में राख का गड्ढा दिखाई पड़ा। एक बार देखकर वह वापस आई।

पड़ोसियों ने उसे खाने के लिए कुछ दिया। उसने सिर्फ पानी पी लिया। उसने पूरे घर में एक बार चलकर देखा। मुँह धोने के लिए बधनी की तलाश की। वह उधर नहीं थी। पड़ोसिन ने कहा, चिता के कर्म के लिए वह ले ली थी। पत्नी ने पूछा ''किसने ले ली थी ?''

''कोई ले गया था।''

उसके बाद ही पत्नी को आम का पेड़ काटने की बात मालूम हुई !

''मौका पाकर तू ने यह भी कर डाला ?'' वह झुँझला उठी। उसने जिद में आकर कहा, ''तुझे इसके लिए सबक सिखाऊँगी।''

उसी दिन उनके बीच ज़ोरदार झगड़ा हुआ। थक गयी पत्नी की उस पुरुष और उसकी पत्नी से काफी कहा-सुनी हुई। अगले दिन पुलिस स्टेशन में उसने रिपोर्ट दर्ज कराई।

अब मामला अदालत के विचाराधीन है। पत्नी बहुत जिद्दी है।

बाढ़ में

गाँव के ऊँचे स्थान पर मंदिर है। उधर पानी में गर्दन तक डूबा देवता खड़ा है। पानी ! सब जगह पानी ! गाँव के सारे लोग इस जगह से शरण लेने के लिए किनारे चले गए हैं। घर की पहरेदारी के लिए सिर्फ एक आदमी है। घर में नाव है तो रक्षा का मार्ग है। मंदिर की दूसरी मंजिल पर तीन कमरे हैं। उधर 67 बच्चे हैं, 356 आदमी है। फिर कुत्ता, बिल्ली, बकरी, मुर्गा जैसे पालतू जानवर भी हैं। सब मिलजुल कर रहते हैं। कोई झगड़ा-वगड़ा नहीं।

पूरी एक रात और एक दिन से चेन्नपरयन पानी में ही खड़ा है। उसके पास कोई नाव नहीं है। उसका मालिक तीन दिन पहले उस पार पहुँच गया। वे बच गए हैं। पहली बार जब पानी उसके घर की ओर झाँकने लगा था तब से उसने पूरी तैयारी कर ली थी। नारियल की टहनी और लकड़ी से नाव की आकृति में एक मचिया बनाया था। पानी जल्दी से उतर जाएगा। इस उम्मीद से दो दिन उस बनावटी नाव पर ही वह बैठा रहा। इसके अतिरिक्त केले के चार-पाँच गुच्छे और कुछ भूसा भी उधर पड़े हुए थे। उधर से जाने पर होशियार लोग सारी चीज़ें ले जाएँगे।

अब छत के ऊपर भी पानी आया है। उधर घुटने तक पानी है। छत पर डाले नारियल के पत्तों की दो पंक्तियाँ पानी के नीचे हैं। अंदर लेटकर चेन्नन पुकारता रहा। कौन सुनेगा ? क्या कोई आदमी नज़दीक है। एक गर्भिणी परय (जाति विशेष) औरत, चार बच्चे, एक कुत्ता ये सब इसके मोहताज हैं। उसने तय कर लिया कि अब बहुत कम क्षणों में उसकी झोंपड़ी के ऊपर तक पानी आएगा। मेरे और मेरे परिवार का नाश होनेवाला है। तीन दिनों से लगातार मूसलाधार वर्षा चल रही है। कड़ी मेहनत करके चेन्नन ने झोंपड़ी के नारियल का पत्ता फाड़ डाला। यों बाहर आकर उसने चारों ओर देखा। उत्तर की ओर देखा तो एक छोटी-सी नाव दिखाई पड़ी। ऊँची आवाज़ में उसने नाववालों को बुलाया। सौभाग्य से मल्लाह बात समझ सका। नाव को उन्होंने उस कुटिये की ओर मोड़ दिया। झोंपड़ी की लकड़ियों के

बीच से चेन्नन ने बच्चे, पत्नी, बिल्ली, सब को दृढ़ता से पकड़कर बाहर डाल दिया। तब तक नाव भी नज़दीक आई।

बच्चे नाव पर चढ़ रहे थे। "चेन्नन भैया पू हेय" : पश्चिम से उसे कोई बुला रहा था। चेन्नन ने मुड़कर देखा। "इधर आ" वह मटियत्तरा घर का कुंजप्पन है। वह झोंपड़ी पर खड़े होकर बुला रहा है। जल्दी से पत्नी को पकड़कर नाव पर बिठाया। तब मौका पाकर बिल्ली भी नाव में चढ़ गई। कुत्ते की बात किसी ने याद नहीं की। वह झोंपड़ी के पश्चिमी कोने में इधर-उधर सूँघकर चलता रहता है।

नाव आगे चली। अब वह दूर हो गई। कुत्ता झोंपड़ी के ऊपर आ गया। चेन्नन की नाव काफी दूरी पार कर चुकी है। लगता है मानों वह उड़ रही हो। मृत्यु की वेदना से वह एक खास आवाज़ में भौंकने लगा। निस्सहाय मनुष्य की सी आवाज़ में वह लगातार भौंकने लगा। किंतु सुनने के लिए कोई भी नहीं है। झोंपड़ी की चारों दीवारों के समीप वह दौड़ने लगा। कहीं-कहीं सूँघता है। रह-रहकर भौंकता है।

झोंपड़ी के ऊपर एक मेढक बैठा था। अप्रत्याशित शोर को सुनकर वह डर गया। कुत्ते के सामने से होकर 'धुडी' आवाज़ के साथ वह पानी में कूदा। कुत्ता यह देखकर भय से चौंक पड़ा। वह पीछे हट गया। पानी को हिलते देखकर कुछ देर तक वह घूरता रहा।

शायद खाने की तलाश में होगा। वह जानवर इधर-उधर जाकर सूँघ रहा है। एक मेढक उसकी नाक में पेशाब करके पानी में कूदा। कुत्ता परेशान हो गया। थूकने-भौंकने के बाद उसने आगे वाले पैर से मुँह साफ किया।

मूसलाधार वर्षा फिर एक बार शुरू हो गई। सिकुड़कर बैठकर कुत्ते ने उसको सह लिया। उसका मालिक बचकर अंबलप्पुषा पहुँच गया है।

रात हो गई। एक बड़ा मगरमच्छ पानी में अधडूबी उस झोंपड़ी को छूते हुए धीरे-से निकल गया। कुत्ते की पूँछ डर से नीची हो गई। वह भौंकने लगा। वह मगर सीधे बह गया।

झोंपड़ी के ऊपर वह भूखा जानवर बैठा रहा। काले बादलों से आवृत तथा अंधकार से भरे हुए अंतरिक्ष को देखकर वह कुत्ता भौंकने लगा। उसका दीन स्वर दूर प्रदेशों तक पहुँच गया। दीनदयालु वायु भगवान ने उसे दूर तक बिखेर दिया। घर की पहरेदारी करनेवाले कुछ दयालु लोगों ने कहा होगा अफसोस ! झोंपड़ी के ऊपर बैठकर कुत्ता भौंक रहा है। उसका स्वामी अब सागर तट पर बैठकर खाना खा रहा होगा। नियमित रूप से अंत में एक कौर खाना वह स्वामी उसके लिए भी रखेगा।

ऊँची आवाज़ में बहुत देर तक कुत्ता भौंकता रहा। फिर आवाज़ कमज़ोर

हो गई। कहीं दक्षिण की ओर बैठा घर का पहरेदार रामायण का पारायण कर रहा है। कुत्ता उस ओर देखकर खड़ा था मानों वह उस पारायण पर ध्यान दे रहा हो। गला फटने की आवाज़ में वह जानवर भौंक रहा था।

रात की खामोशी में श्रुतिमधुर रामायण पारायण का स्वर फिर एक बार सब ओर फैल गया। हमारा श्वान उस मानव आवाज़ को ध्यानपूर्वक सुनकर कुछ देर और खामोश होकर खड़ा रहा। वह गान एक ठंडी हवा के प्रवाह में विलीन हो गया। अब सिर्फ हवा तथा लहरों की 'बला-बला' आवाज़ सुनाई पड़ती है।

झोंपड़ी के ऊपर चेन्नन का कुत्ता लेट गया। उसका श्वासोच्छ्वास सघन हो गया। निराश होकर वह बीच-बीच में कुछ-कुछ बड़बड़ाता है। उधर एक मछली कूद पड़ी। तब कुत्ता खड़ा होकर भौंकने लगा। एक दूसरे स्थान पर मेढक कूदा। कुत्ता वषण्ण हो गया।

अब सुबह हो गई। कुत्ते की आवाज़ बहुत कमज़ोर हो गई। मन को पिघलानेवाला एक राग सुनाई पड़ा। मेढक उसको घूरने लगे। पानी में कूदकर धीरे धीरे नीचे जाने का दृश्य वह देखता रहा।

पानी की परत से ऊपर दिखाई पड़े नारियल पत्तों की ओर वह आशान्वित होकर देखने लगा। चारों तरफ निर्जनता है। कहीं आग नहीं जल रही है। अपने शरीर को काटनेवाली मक्खियों को कुत्ता खाने लगा। पीछे के पैरों से मुँह खुजलाकर मक्खियों को वह भगाता रहा।

थोड़ी देर के लिए सूर्य चमक उठा। उस हल्की धूप में वह सो गया। मंद हवा में हिलते केले के पत्तों की छाया झोंपड़ी पर पड़ रही थी। एक बार उठकर कुत्ता भौंका। बादल के छाने पर सूर्य ओझल हो गया। पूरा इलाका अंधकारमय हो गया। हवा ने लहरों को हिला दिया। पानी की सतह से होकर जीव-जंतुओं की जड़ें बह रही हैं। लहरों की रफ्तार में वे तेज़, स्वच्छंद और अबोध बहती हैं। उन सब को उसने लालच से देखा। हमारा कुत्ता बड़बड़ाने लगा।

कहीं दूर एक छोटी नाव तेज़ी से चलती है। उसने खड़े होकर पूँछ हिलाई। उस नाव की गति को गौर से देखा। वह पौधों के बीच छिप गई।

बूँदाबाँदी शुरू हो गई। कुत्ता पीछे के पैरों को मोड़कर आगे के पैरों के बल बैठकर चारों ओर देखने लगा। उसकी आँखों की निस्सहायता झलक उठी। दर्शकों को भी वह दृश्य रुलाता था।

बारिश खत्म हो गई। दक्षिण से एक छोटी नाव नारियल के पेड़ की ओर आई। कुत्ता पूँछ हिलाकर जम्हाई लेने लगा। उसकी धीमी आवाज़ सुनाई पड़ी। नाव का आदमी नारियल के पेड़ पर चढ़ा। उसने कच्चा नारियल तोड़कर नीचे डाला। नाव पर बैठकर उसने छेद बनाकर कच्चे नारियल का पानी पी लिया। फिर पतवार से नाव खेकर चला गया।

उधर काफी दूर से एक कौआ आया। वह अब तक एक पेड़ की टहनी पर बैठा था। एक भैंस की लाश बह आई थी। कौआ उस पर कूद पड़ा। चेन्नन का कुत्ता भौंकने लगा। किंतु कौआ किसी की परवाह करनेवाला नहीं था। वह पेट भर गोश्त खाने के बाद कहीं उड़ गया।

एक हरी चिड़िया झोंपड़ी के समीप वाले केले के पत्ते पर आ बैठकर चहकने लगी। कुत्ता नाराज़ होकर भौंका। वह चिड़िया भी उड़ गई। बाढ़ के पानी में चींटियों का दोना भी बह आया था। वह दोना झोंपड़ी के समीप अटक गया। चींटियाँ बच गईं। कुत्ते को लगा कि यह खाने की कोई चीज़ होगी। यों उसने उस नीड़ को चूम लिया। चींटियों के काटने के कारण कुत्ते का मुलायम चेहरा लाल हो गया। उसमें सूजन आ गई।

दोपहर के बाद एक छोटी नाव में दो आदमी उस ओर आए। कुत्ता आभार के स्वर में भौंकने लगा। वह पूँछ हिलाने लगा। इन्सान की भाषा के निकट की भाषा में उसने कुछ बातें कहीं। वह पानी में उतरकर नाव पर चढ़ने के लिए उद्यत होकर खड़ा हो गया। एक आदमी ने कहा—"देख, एक कुत्ता खड़ा है।" कुत्ते को उसकी दया का पता चला। दूसरे ने कहा "रहने दो।" कुछ निगलने की भाँति मुँह खोलकर आवाज़ देते हुए उसने प्रार्थना की। दो बार उसने चढ़ने की कोशिश की।

नाव काफी दूर चली गयी। कुत्ते ने और एक बार आवाज़ दी। नाव के एक आदमी ने पीछे मुड़कर देखा।

"हाय !"

वह मल्लाह की आवाज़ नहीं थी। उस श्वान की आवाज़ थी।

वह थका और मार्मिक दीन स्वर हवा में खो हो गया। पुनः लहरों की अंतहीन आवाज़। फिर किसी ने मुड़कर नहीं देखा। नाव के ओझल होने तक कुत्ता उधर वहाँ रहा। वह बड़बड़ाकर झोंपड़ी पर चढ़ा मानों वह इस दुनिया से विदा ले रहा हो। कदाचित् वह बताता होगा कि आगे मैं मनुष्य से प्यार नहीं करूँगा।

उसने बहुत सारा पानी चाट-चाटकर पी लिया। उस बेचारे जानवर ने ऊपर से उड़ने वाली चिड़ियों को देखा। लहरों के बीच से पानी में रहनेवाला साँप नज़दीक आया। कुत्ता कूदकर झोंपड़ी के ऊपर बैठ गया। चेन्नन और उसका परिवार जिस छेद से बाहर आए थे उससे वह साँप नीचे उतरा। उस छेद से कुत्ते ने झाँका। क्रूर बना वह कुत्ता भौंकने लगा। वह आगे भी बड़बड़ाता रहा। वह जीवन के डर और भूख का शिकार बना गया था। हर भाषा का आदमी तथा मंगल ग्रह का हर निवासी उसका आशय समझ सकता था। वह भाषा इतनी सर्वविदित थी।

रात हो गई। भीषण आँधी और वर्षा शुरू हो गई। छत लहर के प्रहारों से हिलने लगी। दो बार वह कुत्ता लुढ़क कर गिरा। तक एक बड़ा सिर पानी के

ऊपर आया। वह एक मगरमच्छ है। कुत्ता प्राण पीड़ा से भौंकने लगा। मुर्गों की सामूहिक बाँग निकट से सुनाई पड़ी।

कुत्ता किधर से भौंकता है ? क्या इधर से आदमी नहीं चले गए ? केले के पौधे के नीचे एक नाव आई। भूसा, नारियल, केले का गुच्छा आदि उसमें भरे हुए थे।

कुत्ता नाव में आए लोगों की ओर देखकर भौंकने लगा। वह नाराज़ होकर पूँछ ऊपर उठाकर पानी के समीप खड़े होकर भौंकता रहा। एक आदमी केले के पौधे पर चढ़ा।

"यार, लगता है कि कुत्ता कूद पड़ेगा।" कुत्ता आगे की ओर कूदा। केले के पौधे पर चढ़ा आदमी पानी में गिर गया। दूसरे ने उसे पकड़कर नाव पर चढ़ा दिया। इतने में कुत्ता तैरकर झोंपड़ी के ऊपर पहुँचा। कुत्ता शरीर हिलाते हुए नाराज़ होकर भौंकता रहा।

चोरों ने केले के गुच्छों को काट डाला। ऊँची आवाज़ में भौंकनेवाले कुत्ते को लक्ष्य करके कहा–"दिखा देंगे तुझे" फिर उन्होंने पूरा चारा नाव में रख दिया। उसके पैर पर कुत्ते ने काटा। कुत्ते को मुँह भर मांस मिला। रोते हुए वह नाव पर चढ़ा। नाव पर खड़े आदमी ने डंडे से कुत्ते के पेट पर मारा। 'पें पें पें' वह स्वर धीरे-धीरे कमज़ोर हो गया। कुत्ते का काटा आदमी नाव में लेटकर रो पड़ा। "चुप रह अगर कोई..." दूसरे आदमी ने सांत्वना दी। वे फिर उधर से चले गए।

नाव के रास्ते को लक्ष्य करके कुत्ता जोर से भौंकता रहा।

आधी रात होनेवाली थी। एक बड़ी गाय की लाश बह आई। किनारे पर आकर वह अटक गई। कुत्ता झोंपड़ी के ऊपर से यह दृश्य देख रहा था। वह नीचे नहीं उतरा। धीरे-धीरे उस लाश का रूप बदल रहा है। कुत्ता बड़बड़ाने लगा। नारियल के पत्ते को उसने फाड़ डाला। वह पूँछ हिलाने लगा। जब लाश हटने लगी तो कुत्ता नीचे उतरकर उसे काटकर नज़दीक खींचकर मजे से खाने लगा। बड़ी भूख को मिटाने के लिए काफी खाना।

'ठे' एक मार। कुत्ता नहीं दिखाई पड़ा। गाय की लाश एक बार डूबकर फिर दूर बह गई।

उसके बाद तूफान का गर्जन, मेढकों की लपक और लहरों की आवाज़ को छोड़कर और कुछ नहीं सुनाई पड़ा। घर के दयालु पहरेदार ने फिर कुत्ते की निस्सहायता की आवाज़ नहीं सुनी थी। सड़ी लाशें पानी की सतह पर बहती रहीं। कुछ लाशों को कौए खा रहे थे। उस मजे को किसी आवाज़ ने परेशान नहीं किया था। चोरों के काम में तनिक भी बाधा नहीं आई। सब सूने हो गए।

थोड़ी देर बाद वह झोंपड़ी नीचे गिरी। वह पानी में डूब गई। जल की उस अनंतता में कुछ भी ऊपर नहीं दिखाई पड़ा। अपनी मृत्यु के क्षण तक उस स्वामी

भक्त जानवर ने स्वामी के घर की पहरेदारी की। अब वह चल बसा। उसको मगरमच्छ ने पकड़ लिया। तब तक वह झोंपड़ी पानी के ऊपर खड़ी रही, मानों उसकी रक्षा के लिए वह झोंपड़ी वैसे ही खड़ी थी। अब वह नीचे गिरी और एकदम पानी में डूब गई।

पानी उतरने लगा। चेन्नन कुत्ते की तलाश में तैरकर झोंपड़ी की ओर आ रहा है। एक नारियल के पेड़ के नीचे कुत्ते की लाश पड़ी हुई है। कभी-कभी वह हिलोरों के कारण हिलती है। चेन्नन ने अँगूठे से उसे उलट-पलट कर देखा। उसके मन में संदेह हुआ कि वह उसका कुत्ता है भी या नहीं। एक कान कट गया है। चूँकि चमड़ा सड़ गया है इसलिए रंग का पता नहीं चला।

एक साधारण शादी

कल एक आदमी लड़की देखने के लिए आएगा। यह छठी बारी है। पिछले चार साल की अवधि में कई विवाह के प्रस्ताव आए थे। कई लोग पद्‌माक्षी को देखने आए थे। इस वास्ते आगे भी कितने लोगों के सामने से होकर कुएँ से पानी निकालने के लिए जाना होगा। कल आनेवाले युवक का निर्णय क्या होगा ? लड़की होकर पैदा हुई। अब जीविका के लिए पत्नी बनना है। और कोई चारा नहीं है। कल की बात भी उसके भाग्य पर निर्भर है। पहली बार उसे देखने के लिए एक आदमी आया था। पद्‌माक्षी को वह प्रसंग याद है। वह कभी भी भूल नहीं सकती। उस युवक का रूप पद्‌माक्षी की याद से कभी नहीं मिटेगा। इसलिए नहीं कि वह युवक बहुत सुंदर था बल्कि इसलिए कि तभी उसे एक लड़की के रूप में पहली बार मान्यता मिली थी। यों वह पद्‌माक्षी को देखने आया था।

माँ ने उसे बहुत मज़बूर किया था। इसके बावजूद वह बाहर नहीं निकली। उस दिन उसने नहाया नहीं था। बाल ठीक तरह से नहीं सँवारे थे। फर्श के उत्तरी छोर पर एक बधनी में पानी लाकर रखने के लिए माँ ने कहा था। किंतु उसने ऐसा नहीं किया। क्योंकि वह युवक दक्षिणी छोर पर बैठा था। एक कोने में तिलचट्टे के समान अँधेरे में बैठा था। किंतु एक बात संभव हो गई। उसने युवक को छिपकर देख लिया। वह दृश्य कभी भूल न सकी।

मौसी ने बलपूर्वक पकड़कर उसे युवक के सामने खड़ा किया था। जो भी हो वह शादी संपन्न नहीं हुई। उसके बारे में कई बातों प्रचलित हो गईं। युवक को लड़की पसंद नहीं आई, यही एक बात थी। पिताजी को वह युवक अच्छा नहीं लगा। यह दूसरी बात है। किसी ने भी लड़की की राय नहीं ली। पद्‌माक्षी की अपनी कोई राय नहीं थी।

इसके बाद लड़की देखने का एक दूसरा प्रसंग आया। उस समारोह की एक खूबी थी। किसी ने भी लड़की को मजबूर नहीं किया था। युवक के हाथ धोने के लिए पानी लेकर वह आई। भले ही अच्छे कपड़े पहन कर नहीं आई थी फिर

भी नहाकर उसने तिलक लगाया था। अगर माँ-बाप भी उसके पक्ष में होते तो वह शादी अवश्य संपन्न होती। पसंद न आने वाले उस आदमी की पत्नी के रूप में पद्माक्षी जीवन बिताती।

लड़की ठीक नहीं है, कहकर कुछ युवक चले गए थे। कुछ लोगों की शर्तें मंजूर नहीं हुई थीं। इस तरह बात नहीं बनी। कुछ लोगों ने यह दोष देखा था कि लड़की के हिस्से की जमीन-जायदाद बहुत कम है। यों कई प्रस्ताव विफल हो गए। तब से पद्माक्षी अच्छे कपड़े पहनने लगी। लड़की देखने के लिए आनेवाले युवकों के सामने खड़े होने में उसे कोई संकोच नहीं था। वह मन ही मन प्रार्थना करती थी कि यह शादी संपन्न हो। गौर से देखनेवाला पुरुष उस प्रार्थना की झलक लड़की के चेहरे पर देख सकता था।

कुछ साल और गुज़रे। लड़की देखने की बात उसे सिर्फ एक औपचारिकता लगी। अगर ठीक हो जाए तो चलें। नहीं तो जाने दो। उसने यही रुख अपनाया। किंतु तब भी उसने आशा नहीं छोड़ी।

उसे लगा कि आदमी बुरा तो नहीं है। पुरुष ने लड़की को भी देखा। लड़की को नतीजा जानने के लिए अब ज्यादा उत्कंठा थी। पुरुष के सामने से होकर वह चली। तब पद्माक्षी को पहले प्रसंगों की तुलना में शर्म हुई। किस वजह से मन यों डरने लगा था—कुछ पता नहीं चला। विदाई के अवसर पर किट्टु मामा रसोई के दरवाज़े तक आया। मामा इस आदमी को साथ ले आए थे। उन्होंने अब माँ से कहा—लड़के को लड़की पसंद आई है। परेशान मत होना। यह रिश्ता जुड़ जाएगा।

किंतु इतना काफी नहीं है। जन्मकुंडली भी ठीक बनें। शर्तें मंजूर होनी हैं। ऐसी कई बातें आगे ठीक होनी हैं। पद्माक्षी उस दिन से प्रार्थना करने लगी। वह सोमवार को व्रत करने लगी। जन्मपत्री लेकर पिताजी ज्योतिषी से मिलने गए। तब पद्माक्षी के मन में भारी उत्कंठा थी। हाय ! ज्योतिषी ने भी बचाया। जन्मपत्री की अधिकांश बातों में तालमेल है। कुल मिलाकर रिश्ता ठीक है।

अब आगे का प्रसंग आया। लड़के को कुछ रकम देनी है। कम से कम पंद्रह तोले के गहने भी चाहिए। शादी के खर्च के लिए कुछ रकम की ज़रूरत पड़ेगी। माँ-बाप उसके बारे में सोच रहे हैं। उस घर के लिए वह एक बड़ा बोझ है। पद्माक्षी इस बात से अवगत है। माँ-बाप सब कुछ करने के लिए तैयार हैं। पिताजी ने खेत गिरवी रखने का फैसला किया। किंतु बड़े भाई ने उस इरादे पर आपत्ति उठाई। उसके कारण बड़ा झगड़ा हुआ। बातें मंजूर हो गईं। किंतु पद्माक्षी के मन में यह डर पैदा हो गया कि इसमें कुछ रुकावट आएगी।

बड़े भाई रूठ कर चले गए। पिताजी को उसमें तनिक भी तकलीफ नहीं हुई। खेत गिरवी रखने का अंतिम निर्णय पिताजी ने लिया। शादी का पूरा माहौल अनुकूल बन गया। किंतु पद्माक्षी का मन परेशान होने लगा। घर का गुज़ारा कैसे

चलेगा ? क्या बड़े भाई वापस नहीं आएँगे ? वह मन ही मन अपने आपको कोसने लगी। एक लड़की के रूप में पैदा होने पर परिवार में बड़ा पतन आया है। वह सोचने लगी। जन्म नहीं लेना था, न ही पलना-बढ़ना था। मरना बेहतर था।

अब आनेवाला पुरुष कैसा होगा ? देखने में तो ठीक है। किंतु क्या यह आदमी प्यार करेगा ? कुछ पता नहीं। वह बात भी अगर उल्टी पड़ गयी तो बहुत तकलीफ होगी। सब नष्ट हो जाएगा। संबल खो जाएगा।

एक दिन घर में पिताजी को एक चिट्ठी आई। मंगेतकर का नाम गोपालन नायर है। उनकी एक अनब्याही पत्नी और दो बच्चे हैं। उनकी कोई जमीन-जायदाद नहीं है। चिट्ठी में भेजनेवाले का पता नहीं है। घर की तमाम बातों को गड़बड़ करने के लिए वह काफी है।

पिताजी का खयाल है कि यह बड़े भाई की पैंतरेबाजी है। चिट्ठी में लिखी तमाम बातें बेबुनियाद हैं। पिताजी ने तमाम बातें खोज ली थीं। इतनी गंभीर बातें क्या कोई छिपाएगा ? झूठ है। सफेद झूठ है। माँ उन बातों को न मानने के पक्ष में है। पद्माक्षी भी यही चाहती है। ये सारी बातें झूठ सिद्ध हों। यही उसकी कामना है। वह प्रार्थना करती है। किंतु भीतर बैठकर कोई कहता है कि वह बात सही है। अब शादी न संपन्न हो तो शरम की बात होगी। लोग सोचेंगे कि यह शादी का सौभाग्य न पानेवाली लड़की है। उस शरम को सहकर शादी न करना ठीक होगा न ? क्यों एक ऐसे आदमी की पत्नी बनूँ। पत्नी और दो बच्चेवाले एक आदमी की पत्नी बनने से कौन सा सुख मिलेगा ? पूरे जीवनकाल में दुःख झेलना पड़ेगा। किंतु इस रिश्ते को छोड़ने के लिए मन नहीं मानता है। यही तकदीर है तो कैसे रोक सकूँगी ?

माँ ने पूछा, ''बेटी, तुझे क्या लगता है ?'' उसने सीधे उत्तर दिया, ''जो बात पक्की हो गई है उसको मंजूर करूँगी। अगर वही तकदीर है तो मैं सह लूँगी।''

इस हालत में पद्माक्षी का मन व्यापक होकर सोचने लगा। एक पत्नी और दो बच्चेवाला आदमी क्यों एक शादी को उद्यत होता है। एक नई लड़की को पाने के लिए होगा। उस हालत में उसे अपने कब्जे में रख सकूँ तो मैं कामयाब हो जाऊँगी। वह कभी भी पुरानी पत्नी के पास न जावे। क्या यह प्रयास संभव होगा ? क्या मैं इतनी खूबसूरत हूँ ? क्या मैं इतनी होशियारी का दावा कर सकूँगी ? पद्माक्षी को लगा कि सिर्फ मैं एक बात का दावा कर सकूँगी। मेरा यह शरीर सिर्फ उस आदमी के लिए सँभालकर रखा है। इससे भी वह आदमी सिर्फ मेरे प्रति वशीभूत हो जाएगा सो बात नहीं। संभव है कि मेरी ताज़गी खो जाएगी।

फिर पद्माक्षी ने विवाह के मंडप पर गोपालन नायर को देखा। उनके मुख पर एक पल तक पद्माक्षी ने ध्यान से देखा। वह जानती थी कि ऐसा करना ठीक नहीं है। वह एक संयोग मात्र था। क्या गोपालन नायर ने वह भाव देखा था।

कुछ पता नहीं। पिताजी को दक्षिणा देते वक्त पद्‌माक्षी की आँखें भर गईं। उसके चेतन मन में स्नेह और त्याग का समूचा रूप झलक उठा था। इसके बाद मंगलसूत्र बाँधा। पद्‌माक्षी को लगा कि इस आदमी के इतिहास पर कुछ संदेह है। ऐसा आदमी उस रिश्ते को मजबूत बना रहा है। उस आदमी का दिया हुआ नया कपड़ा (पुडवा) हाथों से स्वीकारते समय पद्‌माक्षी उसका अर्थ समझ सकी। किंतु उसकी पवित्रता वह जान न सकी। वाद्योपकरणों की आवाज़ से वातावरण मुखरित हो उठा। क्या यह भलाई का आरंभ है या बुराई का ? आदमी ने उसका हाथ पकड़ा। लगा कि वधू का हाथ ज़रा पीछे खिसक गया। किंतु एक बात पर कतई संदेह नहीं है। आदमी ने उसका हाथ मज़बूती से पकड़ा था। पद्‌माक्षी चाहती थी कि वह पकड़ ज़रा ढीली बने।

शयन कक्ष। पद्‌माक्षी सिर्फ एक बात पूछना चाहती है। सिर्फ वही बात। उसने ही बात शुरू की थी। वह इस प्रकार थी–

"क्या आपकी एक पत्नी और दो बच्चे हैं ?"

गोपालन नायर घबरा गया।

उन्होंने पूछा–"क्या मेरी बात है ?"

"हाँ।"

थोड़ी देर तक उधर खामोशी छा गई। चुंबन, आलिंगन नहीं। शर्मीली मुस्कान नहीं। गुदगुदी नहीं। बर्फ के टुकड़े के समान ठंडी सुहाग रात। वर का हाथ वधू के शरीर पर पड़ा था। तनिक नफरत से पुरुष ने पूछा–

"क्या तेरा कोई गुप्त प्रेमी था ?"

वह चौंक उठी। ज़रा ऊँचे स्वर में उसने पूछा। "क्या मेरी बात ?"

उसने स्पष्ट स्वर में कहा–

"हाँ।"

अगले दिन सुबह को वह चेतना से जाग उठी कि पति को अपने कब्जे में पकड़कर रखना है।

हजामत

"पिताजी मर गए।"

एहसास नहीं है। कान से सुनी खबर है। पीछे स्टील का बर्तन नीचे गिरा। झिल की आवाज़ आई।

पत्नी कॉफी लेकर आ रही थी। उसके हाथ से कॉफी का बर्तन नीचे गिरा।

"पिताजी मर गए।"

पत्नी स्तब्ध होकर खड़ी है।

हजामत अधूरी रह गई। चेहरे का एक भाग पूरा हो गया है।

आगंतुक ने उँगली से इशारा करते हुए आगे खड़े होकर कहा—आपके पिता मर गए।

"हूँ।"

हजामत जारी रही।

पत्नी ने पूछा—"क्या आपने नहीं सुना ?"

"हाँ।"

चेहरे पर थोड़ी-सा कट गया। खून आता है। पोंछने पर भी खून बंद नहीं होता। दूसरे भाग की हजामत करने लगा। हाथ काँप रहा है। आगे भी कट सकता है। खबरदार होना है।

आईने में दिखता चेहरा कितना बदसूरत ह ! यह कौन है ? रोम उधर ही खड़े हैं। झाग इधर-उधर पड़ा है। कहीं ठीक बन रहा है।

पिताजी की मृत्यु की खबर लाया आदमी उधर नहीं है। क्या वह चला गया ?

"क्या वह महज एहसास की बात थी ?" पत्नी ने पूछा

"आगे भी आप दाढ़ी बना रहे हैं ?"

क्या पिताजी मर गए हैं :

सब एक स्वप्न सा लगा। पिताजी यों नहीं मरेंगे। आगे भी कुछ दिनों तक जिंदा रहना है। जिंदा रहेंगे। जिंदगी का खूब विकास होनेवाला है। उस वसंत को

देखने के लिए पिताजी को जिंदा रहना चाहिए। जिंदा रहेंगे। आज और कल सेलेक्शन बोर्ड के सामने हाजिर होना है। हाजिर होना काफी है। इसके बाद ज़िंदगी की तरक्की होगी। उसकी सीमा बता नहीं सकते।

उच्चतम स्तर की उन्नति को देखने के लिए कदाचित् पिताजी जिंदा नहीं रहेंगे। तब भी एक-एक सीढ़ी पर चढ़ने का दृश्य तो देख सकेंगे। उस राजपथ पर अपूर्व उन्नति पाने का दृश्य देखकर उन्हें भी संतुष्ट होना है न ?

माँ पहले चल बसी थीं। सिर्फ पिताजी जिंदा हैं। मातृहीन बच्चा पल-बढ़ सकता है। वैसे ही पल-बढ़ सकेगा। सो बात नहीं। जीवन में एक क्रमबद्ध लक्ष्य देखकर बढ़ सकता है। विज्ञान के क्षेत्र में एक मील के पत्थर का हकदार होना है। यही मेरा लक्ष्य है। वह लक्ष्य मोहन भी देख सकता है। बेटे को एक वैज्ञानिक बनाने के उद्देश्य से उन्होंने पाला-पोसा। समय का पाबंद और लक्ष्य की तरफ़ बढ़ने वाला आदमी था। लक्ष्य साफ दिखाई पड़ा।

ऐसी हालत में क्या पिताजी इन दिनों मर सकेंगे ? क्या मर जाएँगे ?

अब तक किए कामों का मूल्यांकन आज और कल होनेवाला है। अन्य प्रत्याशियों की तुलना में वह बेहतर काम कर चुका है। ज्यादा काम करने की सुविधा और परिस्थिति चाहिए। अब वह समय आ रहा है। एक कदम आगे रखना काफी होगा।

सेलेक्शन कमेटी इस बात से अवगत है। मोहन की उपलब्धियों की जानकारी उन्हें मिली है। निदेशक के स्थान पर वे मोहन को नियुक्त करना चाहते हैं। उतना काम और किसी ने नहीं किया है। दूसरों के काम में इतनी स्फूर्ति और बारीकी नहीं है। उस प्रतियोगिता में मोहन काफी आगे है। तब भी वह दृश्य देखना है। पिताजी वह बात जानते हैं। क्या इसी दिन पिताजी मरेंगे ? नहीं, पिताजी इसमें विघ्न नहीं बनेंगे।

अंतिम क्षण का अंकन करके पिताजी ने ही जीवन की गति की रेखा खींच ली थी। इन दो दिनों को अगर खो बैठेंगे तो फिर जीवन का अवसर नष्ट हो जाएगा।

पिताजी सारी बातें जानते हैं। तब क्या वे ऐसा धोखा देंगे ?

यह दुश्मनों की साजिश है। नहीं, पिताजी नहीं मरे हैं। अचानक मन में एक दूसरा संदेह आया। सुरेश ने नौकर को काबू में लाकर पिताजी को विष देकर मार डाला होगा न ? सुरेश बड़ी मेहनत करता है। यह अवसर पाने के लिए वह सब कुछ करने को उद्यत होगा। वह कोई भी गंदा गलत काम कर डालेगा। यह एक अवसर है। एकमात्र अवसर है। सुरेश और मोहन हमउम्र युवक हैं। इन दोनों को एक और अवसर नहीं मिलेगा।

पिताजी अक्सर कहते थे : नोबल पुरस्कार इतनी बड़ी बात नहीं है। उसको पाने का दृढ़ संकल्प चाहिए। वही लक्ष्य होना चाहिए। पथ से न हटकर लगातार

काम करना चाहिए।

वह उस लक्ष्य को देखता है। आज तक की उपलब्धियाँ विज्ञान के क्षेत्र में बहुचर्चित रही हैं। कल विदेश से आई विज्ञान की पत्रिकाओं में उसके बारे में चर्चा है। पिताजी को वह दिखाने का फैसला किया था। जी भर हँसकर पिताजी एक बात कहेंगे।

''हाँ ठीक है। आगे भी यह एक मार्गदर्शक हो सकता है। तू कॉफी पी लेना। शरीर न थके। ठीक समय पर खाना खाना है।''

हजामत पूरी नहीं हो पायी। इधर-उधर से खून आ रहा है। झाग और खून घुलमिल गए हैं।

उसने चेहरा पानी से धोया। कहीं-कहीं ब्लेड नहीं लगी है। आगे भी दाढ़ी नहीं बना सकता। हजामत ठीक नहीं बनती है। नहीं ! हजामत नहीं करनी है। सेलेक्शन बोर्ड उस बात पर ध्यान देगा। आदमी की वेश-भूषा का वे खयाल करेंगे। माना जाता है कि आदमी की जिम्मेदारी, काम कायदे का पता इससे लगता है। ठीक तरह से दाढ़ी न बनानेवाले का बुरा नहीं मानेंगे। किंतु उसे वे लापरवाह मानेंगे। किसी के पैंट की इस्तरी ठीक नहीं थी। किसी ने टाई ठीक तरह से नहीं बाँधी थी। कुछ लोगों का जीवन ऐसी बातों के कारण बिगड़ गया था। इसलिए खबरदार रहना है।

क्या ये सब योग्यता के मापदंड हैं ? प्रत्याशियों के कामों के दस्तावेज क्या उनके सामने नहीं होंगे ? उन्हें सीधे बताऊँगा—

पिताजी मर गए। इसलिए, इसलिए एक आदमी ऐसा है।

अब सेलेक्शन बोर्ड इस प्रकार सोचेगा। पिताजी मर गए। शव संस्कार नहीं हुआ। उसके पहले सेलेक्शन बोर्ड के सामने जवाब देने के लिए आया है—

उन्हें हँसी आएगी। ऐसा एक आदमी सामने बैठा है।

पत्नी से कहा—''मुझे और एक कप कॉफी लाओ।'' दिवंगत पिताजी उठकर आएँगे तो क्या कहेंगे ? तनिक भी संदेह नहीं है। सेलेक्शन बोर्ड के सामने हाजिर होने के लिए कहेंगे। पिताजी को भली भाँति जानता हूँ। इसलिए बल देकर कहता हूँ कि यही पिताजी की राय होगी। जीवन का एक अवसर है। वह यों गुज़र रहा है। उसको काबू में लाकर अपना बनाना है।

कदाचित् ऐसा अवसर आगे नहीं आएगा।

पिताजी रोज कहा करते थे—''जीवन में एक ही अवसर मिलेगा।''

''बाबूजी, तब शवदाह की बात ?''

पिताजी तब बोलेंगे—''कोई बात नहीं, मैं ऐसे ही लेट जाऊँगा।''

आगे भी दाढ़ी बनाने लगा। पत्नी कॉफी लेकर आई। तब भी वह स्तब्ध खड़ी रही। थोड़ी देर बाद कॉफी मेज़ पर रखकर उसने पूछा—''पहले दाढ़ी पर चोट

लगी। उसमें और भी ब्लेड डालकर खींच रहे हो ?"

पत्नी ने आगे कहा–"मांस बाहर आएगा। क्या दर्द नहीं हो रहा है ?"

वह दाढ़ी बनाने में डूब गया मानों पहले कुछ भी नहीं हुआ था। मिनिट भर रुककर पत्नी ने पूछा–"क्यों इस प्रकार दाढ़ी बना रहे हो ? कई जगहों से चमड़ा निकल गया है। कई स्थानों से मांस खिसक गया है। कहीं उभर आया है। यह चेहरा दिखाकर किधर जाएँगे ?"

हजामत खतम कर ली। वह चेहरा कैसे लगेगा ? यह चेहरा दिखाते हुए सेलेक्शन बोर्ड के सामने गये तो।

वे ठहाका मारकर हँसेंगे–"चेहरे का क्या हो गया।"

वे निस्संदेह पूछेंगे। फिर उनके सारे प्रश्न मजाक के रूप में होंगे। पसीने से तर होकर जीभ रुक जाएगी। तब उनसे विदा लेने की बात भूलकर वापस आ सकूँगा। दरवाजे तक पहुँचने पर वे ताली बजाकर बुलाएँगे। फिर वे विदा के लिये कहेंगे। ऐसी घटना हुई है।

बस !

वह उठा।

पत्नी ने पूछा–"क्या कॉफी नहीं चाहिए ?"

उसने कॉफी लेकर पी।

सीधे गुसलखाने की ओर गया। आराम से नहा रहा था। काफी पानी सिर पर डाला। सिर संबल दे।

हर प्रश्न का उत्तर दे सकूँ।

आखिर वे क्या पूछनेवाले हैं ? अपने विषय में मैं जहाँ तक पहुँचा हूँ उतना वे पहुँच नहीं सके। मेरे आलेख से उन्हें रोशनी मिलेगी। मेरे विषय के बारे में पूछेंगे तो आलेख की बातों पर प्रकाश डालूँगा।

शावर खराब हो गया है। पानी ले लेकर उँडेल रहा था।

बाहर से पत्नी ने पूछा–"यह कैसा स्नान है ? नहाने के बाद बाल सँवारा। चेहरे पर लाल रंग के कई निशान। पाउडर डालने पर भी वे साफ दीखते हैं।

क्या चेहरा बदसूरत है ?

चेहरा ऐसा क्यों ? क्या हो गया, क्या वे ऐसा पूछेंगे ?

अगर पूछेंगे तो सारी बातें खोलकर बताऊँगा। छिपाने की क्या ज़रूरत है ?

कौन-सा सूट पहनना है ? लंदन में सिलवाया या पैरिस में सिलवाया ? पत्नी अक्सर कहती है कि दिल्ली में सिलवाया सूट ज्यादा फबता है। उसकी आँखों को वह ज्यादा अच्छा लगता है।

पत्नी ने पूछा–"आप क्या कर रहे हैं ?"

"क्या बात है ?"

"आप किधर जा रहे हैं ?"

"सेलेक्शन बोर्ड के सामने ? और कहाँ ?"

आपके पिताजी मरे पड़े हैं।

"हाँ, मुझे सेलेक्शन बोर्ड के सामने हाजिर होना है। पिताजी को वही अच्छा लगता। नहीं तो पिताजी रूठ जाएँगे।"

पत्नी दुविधा में पड़ी।

"हे मेरे ईश्वर, इनका दिमाग कुछ खराब हो गया है।"

नहीं आज पिताजी मर गए। एक दिन मैं मरूँगा।

पिताजी मर गए। क्या इसका यह अर्थ है कि तब जिंदा आदमियों को ज़िंदा नहीं रहना चाहिए ? सेलेक्शन कमेटी के सामने हाजिर हो रहा हूँ–यह जीवन है।

"लोग क्या कहेंगे ?"

"लोगों की बात छोड़ दो ! जो चाहें कहने दो।"

पत्नी स्तब्ध रह गई। तब तक ड्राइवर कार ले आया।

पत्नी ने कहा–"मुझे जाना है।"

"क्या पिताजी के पास, हाँ तू जा। मैं बाद में आऊँगा। मैं एक टैक्सी में जाऊँगा।"

टैक्सी काफी दूर चली तो उसने उसका रास्ता बदल दिया।

उसके पिताजी जिस घर में मरे पड़े थे, उसी घर में जाकर टैक्सी रुक गई।

कैसे इधर आए ?

उसने पूछा।

टैक्सी ड्राइवर ने कहा–"सर, आपने ऐसा कहा था।"

उधर बहुत लोग इकट्ठे हो गए थे। सारे लोग यों ही खड़े थे। वे वैसे ही खड़े रह सकते हैं।

हाथ जोड़कर एक आकर्षक मुस्कान के साथ वह टैक्सी से नीचे उतरा।

भाग तीन

जीवन परिचय

तकषी का जीवन परिचय : जीवन यात्रा के मील के पत्थर

सन् 1912 की अप्रैल 17 को जन्म हुआ। जिला आलप्पुषा का तकषी गाँव के अरीप्पुश्तु घर जन्मस्थान है। माँ-बाप पार्वती अम्मा और शंकर कुरुप्प हैं।

चौथी कक्षा तक की शिक्षा तकषी गाँव के मलयालम स्कूल में। हाईस्कूल की शिक्षा वैक्कम और करुवाट्टा के स्कूलों में। इस काल में 'साधुक्कल' नामक कहानी नायर सोसाइटी की साप्ताहिक पत्रिका 'सर्विस' में प्रकाशित हुई।

हाई स्कूल में पढ़ते समय प्रधान अध्यापक कैनिक्करा कुमारपिल्लै का मार्गदर्शन मिला। विश्व के श्रेष्ठ साहित्यकारों की कृतियाँ पढ़ने की प्रेरणा मिली।

फिर तिरुवनन्तपुरम के लॉ कालेज में प्लीडरशिप परीक्षा के विद्यार्थी बने। इस वक्त मलयालम के मशहूर आचार्य और संपादक केसरी बालकृष्ण पिल्लै का मार्गदर्शन मिला। वे 'प्रबोधकन' पत्रिका कें संपादक थे। 'केसरी' और 'प्रबोधकन' में तकषी की कहानियाँ प्रकाशित होने लगीं।

पहली बार पारिश्रमिक 'मांचुवट्टिटल' नामक कहानी को मिला। पारिश्रमिक छह रुपये था। मलयाला मनोरमा के संपादक मामन माप्पिला ने मनी आर्डर भेजा था। ई.वी. कृष्णपिल्लै की भूमिका के साथ यह कहानी छपी थी।

1934 में तकषी का प्रथम उपन्यास 'त्यागलिष्टे प्रतिफलम' प्रकाशित हुआ। यौन प्रसंगों के वर्णन का आरोप लगाकर कॉलेज के प्रिंसिपल मल्लूट गोविंदपिल्लै ने तकषी को कॉलेज से निष्कासित किया।

1934 की सितंबर 15 को तकषी की शादी हुई। कमलाक्षी अम्मा (कात्ता) उनकी पत्नी हैं। 'मेरे जीवन के ऐश्वर्य का मूल' कहकर तकषी ने कात्ता को श्रेय दिया है। इन दंपतियों की चार संतानें हैं। चार लड़कियाँ और एक लड़का। सबों की शादियाँ हुईं। लड़का बालन डॉक्टर के रूप में सेवारत है।

1939 में तकषी ने अंपलप्पुषा में वकालत शुरू की। वकील जीवन के अनुभवों पर आधारित एक आत्मकथा लिखी। कुछ कहानियों और उपन्यासों में वकील जीवन से जुड़े कथानक आये हैं।

1947 में 'तोट्टियुटे मकन' (भंगी का बेटा) तथा 1948 में 'रंट्टिंगषी' (दो सेर धान) उपन्यास प्रकाशित हुए। दलित शोषित जनों को यों उपन्यासों में स्थान मिला।

1956 में प्रकाशित 'चेम्मीन' (मछुआरे) तकषी के साहित्यिक जीवन का नया मोड़ बन गया। इसे केंद्रीय साहित्य अकादमी का पुरस्कार मिला। बाद में फिल्मीकृत हुआ। यूनेस्को की योजना के अंतर्गत विश्व की प्रमुख भाषाओं में अनूदित हुआ।

नौकरशाही की समस्याओं को उजागर करनेवाले 'एपणिप्पटिकल' (सीढ़ियाँ) उपन्यास को 1964 में केरल साहित्य अकादमी का पुरस्कार मिला।

मिट्टी और मानव के संबंध को उजागर करने वाला उपन्यास है 'कयर'। प्राचीन काल की जमीन जायदादों की बिक्री संबंधी बातों का वर्णन इसमें मिलता है। यही तकषी का मास्टरपीस है। 1980 का बयलार अवार्ड इस उपन्यास को मिला।

भारतीय साहित्य की श्रीवृद्धि करने के लिए 1984 में तकषी को ज्ञानपीठ पुरस्कार मिला।

1985 में 'पद्मभूषण' देकर भारत सरकार ने उनका सम्मान किया।

बाद में केरल सरकार द्वारा संस्थापित एषुत्तच्छन पुरस्कार उन्हें मिला। केरल विश्वविद्यालय और महात्मा गाँधी विश्वविद्यालयों ने डी.लिट. की उपाधि देकर उन्हें सम्मानित किया।

'ओरमथुटे तीरंगलिल' (यादों के किनारों पर) शीर्षक आत्मकथा के अंतिम अध्याय में तकषी ने लिखा है कि पीढ़ियों के अंतराल का असर उन पर नहीं पड़ा है। युवी पीढ़ी के लेखकों से उनका अच्छा संबंध है। वे अपने को पुराना पड़ गया लेखक नहीं मानते हैं।

इस घटना के प्रकाशन के कुछ महीनों पहले 10.4.99 को तकषी का देहांत हो गया।

2000 अप्रैल में केरल सरकार ने उनके घर को लेखक का स्मारक बनाया।

तकषी की कृतियाँ

1. कहानी संकलन

पुतुमलर
घोषयात्रा
अटियोषुक्कुकल
नित्यकन्यका
तकषियुडे कथकल
पतिव्रता
मकलुटे मकल
प्रतिज्ञा
प्रतीक्षाकल
मांचुवट्टिल
चरित्रसत्यंगल
इंकिलाब
ञरक्कंगल
ञान पिरन्नानाटु
कणक्कुतीरक्कल
आलिंगनम
आद्यत्ते प्रसवम
तेरञेटुत्त कथकल
एकान्तपथिकन
चंगातिकल
ओरु कुट्टनाटन कथा
जीवितत्तिण्टे ओरेडु

उपन्यास

त्यागन्निण्टे प्रतिफलम
पतितपंकजम
सुशीलन
विल्पनक्कारी
परमार्थगंल
तलयोडु
तोट्टियुटे मकन
रंटिटंगषी
तेंटिवर्गम
अंवटे स्मंरणकल
चेम्मीन
पेरिल्लाक्कथा
औसेप्पिण्टे मक्कल
अंचु पेण्णुंगल
जीवितम सुन्दरमाणु पक्षे
धर्मनीतियो अल्ला जीवितम
पाप्पियम्मयुम मक्कलुम
माँसन्निण्टे विलि
अनुभवगंल पालिच्चकल
आकाशम
चुक्कु
व्याकुलू मानावु
नेल्लुम नेंगयुम

पेण्णु
नुरयुम पतयुम
पेण्णथि पिरन्नाल

उपन्यास
कोटिप्पोया मुरवंगल
कुरे मनुष्यरुटे कथा
अकत्तलम
पुन्नप्रा वयलारिन्नुशेषम
अषियाकुरुक्कु
आद्याकाल नोवल
कयर
लघु नोवलुकल
बलूणुकल
ओरु मनुष्यंटे मुखम
ओरु प्रेमत्तिण्टे बाकी
ओरु एरिमहंगल

नाटक
तोट्टिल्ला

आत्मकथा

एण्टे वक्कील जीवितम
एण्टे बाल्यकाल कथा
कुरे कथा पात्रंकल (आत्मकथापरक)
ओरमुटे तीरंगलिल

यात्रावृत्त
अमेरिक्कन निशीला

प्रमुख पुरस्कार
'चेम्मीन' उपन्यास पर केंद्रीय साहित्य अकादमी का पुरस्कार 1958
'एणिप्पटिकला' उपन्यास पर केरल साहित्य अकादमी का पुरस्कार 1964
सोवियत लैंड नेहरू पुरस्कार 1974
वयलार पुरस्कार 1980
कयर उपन्यास पर ज्ञानपीठ पुरस्कार 1984
पद्मभूषण से सम्मानित 1985
केरल विश्वविद्यालय और महात्मा गाँधी विश्वविद्यालय द्वारा मानद डी.लिट. उपाधि 1985
बाद में एषुत्तच्छन पुरस्कार और वल्लत्तोल पुरस्कार से सम्मानित

हिंदी में प्रकाशित कृतियाँ
मछुआरे
दो सेर धान
चुनौती
रस्सी
सीढ़ियाँ
तकषी की कहानियाँ
मंगलसूत्र
बेचारा शरीफ़ इंसान
जीवन सुंदर है किंतु...
मेरी कृतियाँ, मेरी स्मृतियाँ

●●●